洋経済

日立・三菱重工の岐路

週刊東洋経済 eビジネス新書 No.373

日立・三菱重工の岐路

本書は、東洋経済新報社刊『週刊東洋経済』2021年1月23日号より抜粋、加筆修正のうえ制作しています。情報は底本編集当時のものです。(標準読了時間 90分)

日立・三菱重工の岐路　目次

統合構想破談から10年

様変わりした日立製作所と三菱重工業

「日立・三菱重工　統合へ」――。2011年8月4日の日本経済新聞1面。日本の製造業を代表する総合電機と総合重工業の両トップが13年春に新会社を設立し、発電プラントから鉄道システム、産業機械、IT（情報技術）まで網羅する世界最大規模の総合インフラ企業が誕生するというスクープ記事だった。

11年3月の未曾有の東日本大震災で傷ついていた日本の産業界。当時は国際競争力強化には国内企業の再編が必要との認識が多く、両社の動きを歓迎する声が政官財から相次いだ。しかし、同日午後に発表されるとの報道だったが、実現しなかった。両社はその後も主導権などをめぐり対立し、統合構想はあえなく破談となった。

時価総額は日立が倍増

それは日本の製造業の岐路でもあった。両社はそれまで国内の電力や通信の成長に合わせて伸びる〝GDP（国内総生産）企業〟の象徴だった。だが、国内は震災で電力不足となり、世界も中国の台頭やデジタル化の進行で大きく変化する中、ビジネスモデルを変える必要が出ていた。破談によって変身を速めた日立製作所と、変身できない三菱重工業。両社はまさに対照的な道を歩む。

それは企業経営の通信簿でもある株式時価総額に如実に表れている。統合報道のあった11年と21年を比べると、日立は4兆円に倍増したが、三菱重工は1兆円前後で変わらないままだ。日立はリーマンショックがあった2009年3月期に国内製造業で最悪となる7873億円の最終赤字を計上。株式時価総額でも三菱重工の後塵を拝することになったが、その後に一気に逆転した。

日立が変わったのは、「もう一度大きなショックが来たら潰れるかもしれない」という危機感からだ。

2003年に副社長を退任しグループ会社に転じていた当時69歳の川村隆氏が09年に会長兼社長に就任すると、「総花的経営」と決別し、携帯電話やパソコンなどの事業を次々に切り離した。次にバトンを渡された中西宏明氏（前日立会長、前経団連会長）も、米IBMから買収したハードディスク駆動装置事業を売却するなど、モノ売りからインフラサービスへ主軸を変えた。

そんな中、14年に社長に就いたのが東原敏昭氏だ。東原社長になって選択と集中はさらに加速。世界で戦える体制へ向け利益率向上を目指した。社会インフラと距離が遠く、利益率が低いと判断した日立物流や日立キャピタル、日立工機、日立国際電気、クラリオンなどグループ名門企業を次々に売却。中期経営計画の目標だった売上高営業利益率8％を19年3月期に初めて達成し、巨額赤字から10年で高収益企業に生まれ変わった。09年に22社あった上場子会社は19年末に4社、さらに足元では日立金属と日立建機の2社に減り、それらも売却検討に入っている。

デジタル化を成長の柱にすべく、16年に東原社長が打ち出したのがIoT（モノのインターネット）基盤「ルマーダ」だ。ルマーダはデータに焦点を当てる。日立が持つOT（制御・運用技術）とITをつなぎ、いいモノをつくって売れば終わりではなく、その後にどんなサービスで稼ぐかを模索する。

日本が誇ってきた製造業は、こうした脱ものづくり依存が共通課題だ。モノだけでは中国企業などに価格競争で負ける。日立は今ではルマーダ旗振り役のIT部門が横串となり、全部門の業績を牽引する構造に変わりつつある。

HITACHI

リーマン後から飛躍した収益性 —連結業績推移—

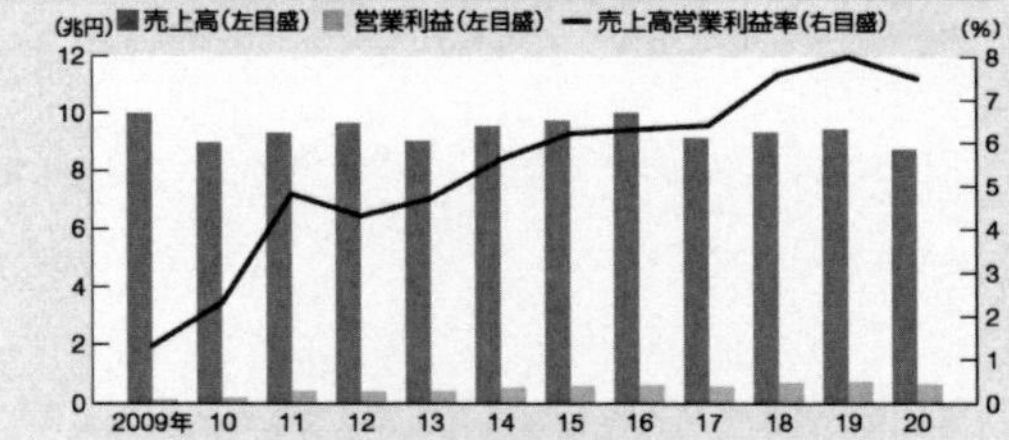

(注)各3月期。2016年3月期からIFRS(国際会計基準)適用。それ以前は米国会計基準。16年3月期以降の営業利益は調整後営業利益(売上収益から売上原価ならびに販管費を減算して算出した指標)
(出所)日立製作所の各年度決算資料などを基に本誌作成

IT関連の貢献が急伸した
—営業利益構成比—

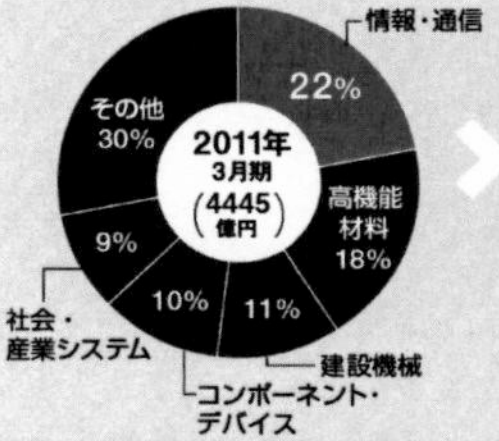

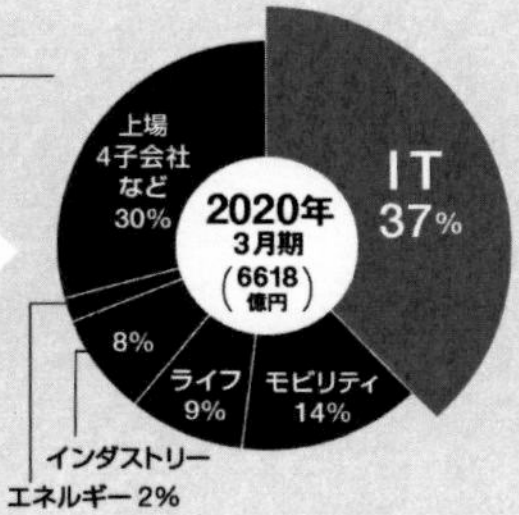

(注)高機能材料は日立化成・日立金属、コンポーネント・デバイスはHDD・液晶、社会・産業システムはプラント・昇降機・鉄道が中心。内部消去が一部あり合計とは一致しない
(出所)日立製作所の決算資料を基に本誌作成

(注)モビリティは鉄道・昇降機・ビル設備、ライフは車載・家電・診断治療機器が中心。上場4子会社は日立ハイテク、日立建機、日立金属、日立化成。内部消去が一部あり合計とは一致しない
(出所)日立製作所の決算資料を基に本誌作成

高い技術力を過信

一方、三菱重工は苦戦している。陸海空での高い技術力を生かそうとしてきたが、失敗の連続だ。

2011年に初受注した大型豪華客船「アイーダ」では、建造が遅れたことで1800億円を超える多額損失を計上して同事業から撤退した。社運を懸けた国産初のジェット旅客機「スペースジェット」には累計1兆円を投じるなど一本足打法で投資を集中させたが、6度の納入遅延を経て、初号機を飛ばすことなく、20年秋に開発凍結に追い込まれた。

選択と集中を進めた日立と違い、三菱重工では大きな事業ポートフォリオの組み替えが見られない。その結果、この10年間は一貫して火力発電事業が稼ぎ頭だ。

11年の日立との破談後、日立と唯一合意した大型案件がまさに火力発電事業の統合だ。合弁の出資比率は三菱重工が過半を握った。だが日立とは海外での損失負担をめぐる係争に発展。19年にようやく和解し、日立から合弁会社の全保有株を譲り受けた。こうして三菱重工は発電用大型ガスタービンで念願の単独世界トップに立った。

三菱重工

売り上げ規模は拡大したが収益性に課題 ―連結業績推移―

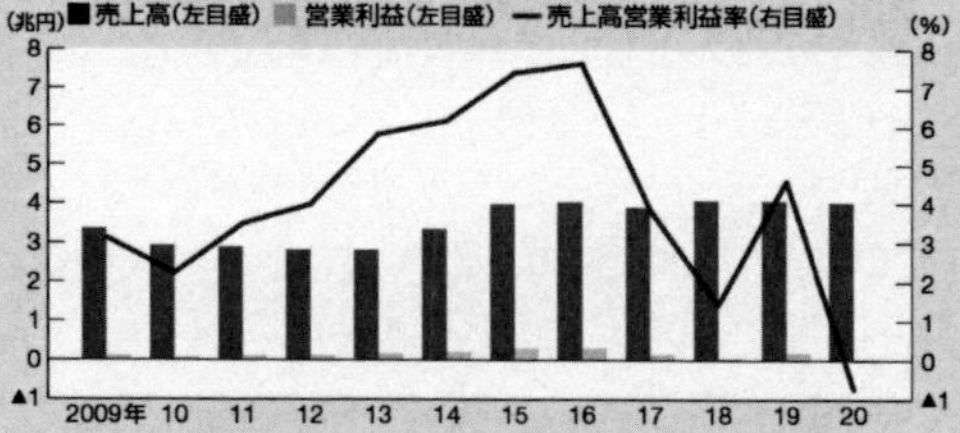

（注）各3月期。2018年3月期からIFRS（国際会計基準）適用。17年3月期以前は日本会計基準。18年3月期以降の営業利益は調整後営業利益（売上収益から売上原価ならびに販管費を減算して算出した指標）。▲はマイナス　（出所）三菱重工業の各年度決算資料などを基に本誌作成

エネルギー関連が支える構図が続く ―主要事業の営業利益比較―

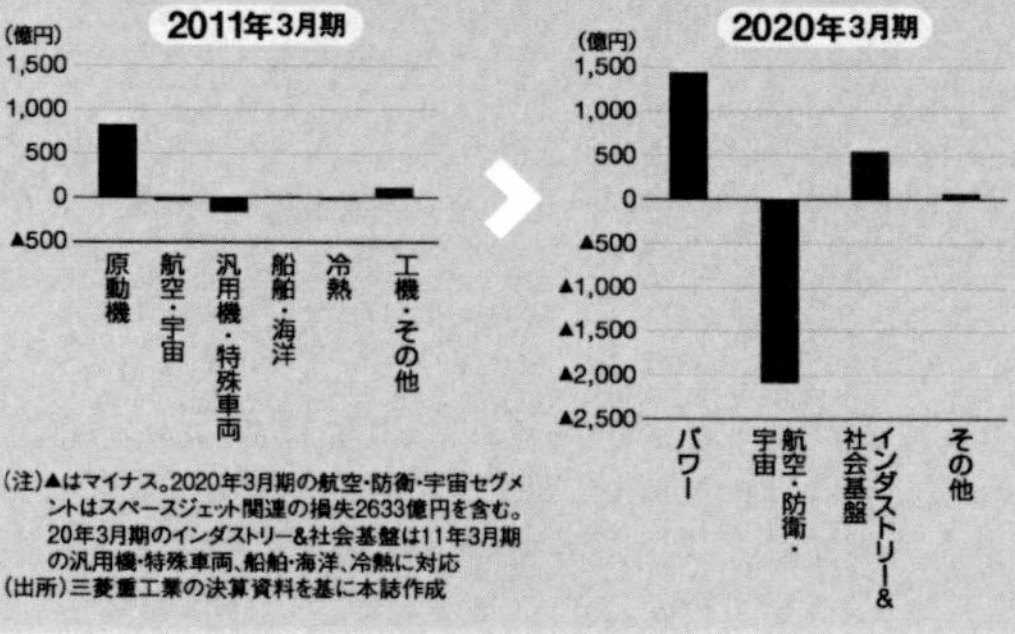

（注）▲はマイナス。2020年3月期の航空・防衛・宇宙セグメントはスペースジェット関連の損失2633億円を含む。20年3月期のインダストリー＆社会基盤は11年3月期の汎用機・特殊車両、船舶・海洋、冷熱に対応
（出所）三菱重工業の決算資料を基に本誌作成

だが、待っていたのは脱炭素の荒波だ。日立はその間、火力発電から撤退する一方、スイスの重電大手ABBから送配電事業を過去最大の1兆円規模で買収。発電から、再エネ拡大で重要度が増す同事業へ軸足を移した。三菱重工関係者は「日立の先を見通す力にはいつも出し抜かれる」と舌を巻く。

三菱重工が変化を打ち出せずにきたのは、技術力を過信する自前主義が大きい。伝統的にOBが強い影響力を持ち、先人のものづくりを否定することへの抵抗感が強く、変化が遅れてきた。

そんな中、20年10月に前倒しで発表した新中期経営計画では、航空機、石炭火力、商船の3部門を対象に国内で約3000人を減らす方針を示した。一方で、新たな成長柱に脱炭素とデジタルを位置づけた。両分野に今後3年で約1800億円を投じて、23年度に売上高1000億円を目指す。

ただ、日立は脱炭素とデジタルでその先を走る。さらに独シーメンスはもっと先を行く。日本と同じく製造業中心のドイツを代表する重電大手だが、デジタル企業を次々と買収し、今は産業分野に強いIoT大手に変身した。

医療機器と発電用タービン事業も20年までに切り離し、本体は工場のデジタル化に特化することで、利益率は10%を大きく超過する。時価総額でも日本の製造業を引き離している。シーメンス幹部は「従業員の意識もハードからソフトに変わってきた。ソフトの企業価値はハードよりも大きい」と話す。

本誌では明暗が分かれた三菱重工と日立を主軸に、製造立国・日本の未来を探っていく。

（冨岡　耕、高橋玲央）

三菱重工		HITACHI
1.11兆円	株式時価総額	4.18兆円
4兆0413億円	売上高	8兆7672億円
51.9%	海外売上高比率	48.3%
82.4%	売上原価率	73.0%
▲295億円	営業利益	6618億円
▲0.7%	売上高営業利益率	7.5%
4兆9856億円	総資産額	9兆9300億円
24.5%	自己資本比率	31.8%
6.6%	ROE	2.7%
5982億円	有利子負債	1兆4850億円
0.46倍	D／Eレシオ	0.35倍
1615億円	設備投資額	3996億円
1468億円	研究開発費	2937億円
8万1631人	従業員数	30万1056人
40.7歳	平均年齢	42.3歳
17.6年	平均勤続年数	19.1年
867.9万円	平均年間給与	902.6万円
262社	連結子会社数	814社

(注)株式時価総額は2021年1月8日時点。それ以外は20年3月期時点。▲はマイナス
(出所)有価証券報告書などを基に本誌作成

静の三菱重工と動の日立　差がつく事業ポートフォリオの見直し

日立に比べて変化が少ない

川村、中西、東原 3トップによる激動の再編劇

三菱重工業	年	日立製作所
MRJ事業化決定、三菱航空機設立	2008年	
大宮英明社長就任		
	10年	川村隆会長・中西宏明社長体制がスタート
	11年	
	日立、三菱重工、三菱電機の3社で水力発電事業の統合に合意	
豪華客船「アイーダ」受注		✂ HDD事業を米ウエスタンデジタルに約3500億円で売却すると発表
	三菱重工と日立の統合報道	
		✂ 中小型液晶事業を東芝・ソニーと統合し、撤退
		富士電機、明電舎との送配電事業合弁を解消すると発表
	12年	日立金属が日立電線吸収合併で合意。「御三家」同士の再編に
		英原子力発電事業会社を890億円で買収すると発表
	三菱重工と日立が火力発電事業の統合で合意	
仏アレバとの合弁でトルコでの原発新設を計画	13年	✂ 米ジョンソンコントロールズと空調事業の統合で合意
宮永俊一社長就任		
ニチユ三菱フォークリフトを連結子会社化		
洋上風力発電事業でデンマークのヴェスタス社と合弁合意		
三菱日立パワーシステムズ(MHPS)営業開始	14年	中西会長・東原敏昭社長体制がスタート
独シーメンスと製鉄機械事業の統合で合意		
フォークリフトのユニキャリアを1100億円で買収	16年	✂ 日立物流とSGホールディングスが資本業務提携を発表
豪華客船の1番船を引き渡し		
	日立が三菱重工からのX線治療装置事業譲り受けで合意	
	17年	
	三菱重工が日立に火力発電事業の海外損失分の支払いを求め仲裁申し立て	
仏アレバ設立の核燃料サイクル事業新会社への出資に合意		✂ 日立工機と日立国際電気を投資ファンドに売却すると発表
		✂ 日立マクセルが持ち分法適用外に
		米サルエアー(空気圧縮機)を約1357億円で買収すると発表
	18年	✂ クラリオンを仏フォルシアに約899億円で売却すると発表
		スイスABBの送配電事業を1兆円規模で買収すると発表
泉澤清次社長就任	19年	米JRオートメーションテクノロジーズ(ロボットSI)を約1582億円で買収すると発表
長崎造船所香焼工場の大島造船所への売却方針を発表		米シャシー・ブレーキ・インターナショナル(車載)を約830億円で買収すると発表
		ホンダ系のケーヒン、ショーワ、日信工業を統合すると発表
		✂ 画像診断機器事業を富士フイルムホールディングスに約1790億円で売却すると発表
		✂ 日立化成を昭和電工に約5000億円で売却すると発表
	日立が火力発電事業を約2480億円で三菱重工に譲渡し撤退	
スペースジェット事業の凍結を発表	20年	日立ハイテクを約5300億円を投じて完全子会社化すると発表
三井E&Sホールディングスから艦艇事業譲り受けで合意		✂ 日立キャピタルを三菱UFJリースが吸収合併すると発表
MHPS、三菱パワーに名称変更		✂ 英原子力発電事業からの撤退を表明
洋上風力発電のMHIヴェスタスの合弁を解消		✂ 海外家電事業をトルコ家電大手に売却すると発表
	21年	✂ 日立建機と日立金属を売却へ?

(注)◆は三菱重工業と日立製作所の共通項目。✂は事業ポートフォリオからの切り離し

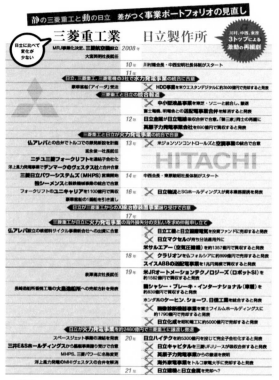

国産初ジェット失敗の必然

「『スペースジェット』の仕事はもう来るものとは思わないでほしい」

２０２０年１１月、名古屋市にある三菱重工の航空機関連拠点では、それまで三菱重工を支えてきた取引先メーカーの幹部が一堂に集められていた。そこで三菱重工の担当部長は非情にもそう通告。当日会場にいた、あるサプライヤー幹部は「やっぱりそうか」と、肩を落とすしかなかったという。

陸海空で戦後ニッポンを支えてきた三菱重工。同社が威信を懸けて目指したのが国産初のジェット旅客機だった。２００８年の全日本空輸（ＡＮＡ）からの大量注文を受けて、子会社の三菱航空機を設立し事業化を決定した際、初号機の納入は１３年後半を予定。日本が独自の旅客機を開発するのは、プロペラ機「ＹＳ１１」以来約５０年ぶりで、国も後押ししていた。

だが、夢は暗転した。設計変更や工程見直しなどで6度延期を繰り返し、予定から7年以上過ぎても商用飛行ができないまま、開発凍結に追い込まれた。三菱重工の泉澤清次社長は20年10月の記者会見で「開発状況と市場環境を踏まえ、M90（スペースジェット・90席）の開発活動はいったん立ち止まる」と、言葉を一つひとつ選びながら慎重に話した。

完全撤退は否定したが、24年3月期までの事業計画では21年度以降の3年間の開発費はわずか200億円。この額は21年3月期までに費やした開発費3700億円の約20分の1にすぎない。

スペースジェットの開発には累計1兆円をかけ、すでに3900時間超の飛行試験をこなしている。あとは米航空当局の認可が下りれば量産、という段階だった。しかし、この開発費では試験飛行を伴う開発活動はできない。25年3月期以降の本格的な開発再開の可能性は残っているものの、「もう飛ぶのは厳しい」というのが、関係者の認識の一致するところだ。

スペースジェット（旧MRJ）は6度の納入延期と5回の社長交代を繰り返した

年月	出来事	納入予定	三菱航空機社長名（兼務職・元職）
2008年 4月	事業会社「三菱航空機」を設立	13年後半	戸田信雄（三菱重工取締役）
09年 4月	**社長交代①**		江川豪雄（三菱重工副社長）
9月	設計変更で**最初**の納入延期	14年1～3月	
10年 9月	MRJの試験機製造を開始		
12年 4月	製造工程見直しで**2度目**の延期	15～16年	
13年 1月	**社長交代②**		川井昭陽（三菱重工副社長）
8月	部品納入遅れで**3度目**の延期	17年4～6月	
14年 10月	初号機をお披露目		
15年 4月	**社長交代③**		森本浩通（三菱重工常務執行役員）
11月	初号機が初飛行		
12月	強度不足により**4度目**の延期	18年半ば	
16年 9月	初号機が試験飛行地の米国・ワシントン州に到着		
17年 1月	配線の設計変更で**5度目**の延期	20年半ば	
4月	**社長交代④**		水谷久和（元三菱重工常務執行役員）
20年 2月	最終試験機の完成遅れで**6度目**の延期	21年度以降	
4月	**社長交代⑤**		丹羽高興（米国三菱重工社長）
10月	新型コロナの影響で**開発凍結**		

長期赤字のうえ大幅減損も
—三菱航空機の純損失推移—

（注）各3月期、▲はマイナス　（出所）三菱航空機の決算公告

航空部品は車の100倍

日本の製造業を引っ張ってきた自動車産業だが、航空機の部品点数はその自動車の100倍の300万点とされる。多くの部品からなる航空機産業は協力会社が多岐にわたり、裾野は一段と広い。

三菱重工はスペースジェットを量産する一大拠点に米航空機大手ボーイング向けの部品を製造してきた東海地区を選び、地元の中小部品会社に協力を求めてきた。「元請けの三菱重工からの依頼。断るという選択肢はなかったし、開発当初は新しい産業をつくるという夢もあった」。当時を知る協力会社の幹部はそう振り返る。

自治体も躍起だった。地元の愛知県や名古屋市は航空機産業に関わる企業によるコンソーシアムを設置。関連企業が集積する産業クラスターとして、すでに成長している仏トゥールーズや米ワシントン州の産業団体と連携を取りながら、航空関連を自動車に次ぐ巨大産業に育てる施策を進めていた。

だが、ふたを開けると、三菱重工の独り相撲だった。足元での凍結を判断した直接的な要因はコロナ禍だが、それは追い打ちをかけたにすぎない。「そもそも三菱重工には完成機メーカーになる自覚も能力もなかった」（協力会社幹部）という厳しい批判が少なくない。実は協力会社の間ではすでに〝重工離れ〟が深刻化していた。

不満が多いのは、聞く耳を持たない独り善がりの姿勢だ。「三菱重工は発注時のコミュニケーションが雑。突然の転注（別会社への発注変更）もあり、担当者に理由を尋ねても『上が決めたことだから』とまともな説明がない」。複数の取引先はそう口をそろえる。

過去に何度もあった開発延期の際も、詳しい説明はないことが多かったという。「三菱重工から『量産に向けた投資をしてくれ』と要請されても、話半分で対応しておけ」という話が共有されるほど、三菱重工への信頼感は薄れていた。

一方、三菱重工側も不満を抱えていた。17年春には、三菱重工の航空・防衛・宇宙事業の協力会社でつくる「協力会」を相次いで解散させた。それまで事業所ごとに行っていた部品の調達を本社に一本化することで、調達プロセスを透明化しようという試みだった。

その結果、起きたのは競争環境の激化だ。部品会社にとっては原価低減への圧力が強くなっていった。「契約が不透明だった協力会時代がよかったと思わないが、結局わかったのは『航空機産業では儲からない』ということ。早急に見切りをつけて、他産業への展開を始めた会社も多い」と、取引先企業の幹部は語る。

こうした独り善がりで自前主義の姿勢は開発スタイルにも表れている。スペースジェットの開発は当初、ボーイングなどと協業することも検討されたという。しかし、独自開発にこだわった結果、仕様変更が相次いだ。「自分たちの持っている技術を生かしたい。そんな思いが強すぎるのではないか」。国内の航空機部品メーカー幹部は、三菱重工の姿勢についてそのようにみていたという。

外国人招聘でも混乱続く

三菱重工自身もそうした問題を認識し始めていた。2016年にはカナダの小型航空機大手でライバルのボンバルディアから開発責任者としてアレックス・ベラミー氏を招き入れた。そこから一気に、三菱重工主体だった開発陣に多くの外国人を採用し、事業化のスピードアップを図った。ただ、それでも、社内は一枚岩にはなれず、混乱は継続した。

開発方針をめぐる意見の相違が目立ち、20年6月末にベラミー氏は退任。三菱航空機では社長が5回も交代し、開発促進どころか権力闘争が続く結果になっていた。

こうしたことを繰り返すうちに、開発がうまくいかない責任もいつしかうやむやになっていく。20年10月の記者会見で経営責任を問われた泉澤社長は「誰か特定の個人に責任を負わせるものではない」と答えるしかなかった。

「開発が遅れたことに関し申し開きはできない。だが、経営陣がもう少し明確なビジョンを持って舵取りをしてくれていたら」。三菱航空機の現場で開発に携わるエンジニアは、スペースジェットの開発断念について、思いを吐露する。

財務基盤は強固とはいえ、三菱重工も痛手を負った。航空機部門は他社や他部門に人員を出向させ、22年度には20年度比で従業員を半減させる予定だ。20年末には同じ東海地方にあるトヨタ自動車系や三菱自動車系の自動車組み立てラインなどのほか、福岡県の日産自動車九州にも社員の受け入れを要請した。「違う業種で転居も必要。一定期間後に戻れるとは聞いているが、かなり厳しい」（社員）との声が漏れる。

だが、中小の協力会社はもっと厳しい。その多くがもともと収益基盤にしていたボーイング向け部品の納入は、今はコロナ禍で苦しい。仕事は大きく減少し、週2〜3日しか工場を稼働できない企業もあるという。さらにスペースジェットに振り回された多額の投資の回収も難しくなっている。現在は国などの緊急融資でしのいでいるが、「近いうちに資金繰りに窮するところも出てくる可能性がある」（地元関係者）という。

航空機業界の関係者は、「ボーイング向け胴体など分担品の製造とは違い、完成機を一から開発するのは難しい。結果は見えていた」と指摘する。三菱重工の経営陣には赤字を積み上げてでも部品会社とともに開発を完遂する覚悟がなかったという意見も多い。

航空機産業は長い目でみれば成長分野だ。だが、低迷していた三菱重工の株価は撤退報道直後に上昇。自前での航空機から手を引くことに皮肉にも市場では好感が持たれている。1兆円の勉強代はあまりに高かった。

（高橋玲央）

巨額投資支えた財務基盤

これまで「スペースジェット」の開発に向けて、1兆円もの巨額資金が投じられてきたにもかかわらず、三菱重工の財務基盤は驚くほど健全だ。

2020年3月期末のD／Eレシオ（資本に対する負債の倍率を表す）は0・46倍に抑えており、財務の健全性の目安とされる1倍を大きく下回る。有利子負債残高も5982億円と過去最低水準だ。

三菱重工のような重厚長大型の企業は巨大な設備を多く持ち、製品リードタイムも長い。さらに多数の事業会社と生産拠点が複雑に入り乱れており、もともと資産の効率性はよくない。そこで製造拠点ごとに分かれていた調達を一本化してコスト削減を実行。業務プロセスなどを細かく見直すことで、仕入れから販売に伴う現金回収までに必要な日数（ＣＣＣ：Cash Conversion Cycle）や運転資本を圧縮してきた。

これらが少ないほど、事業のために投下した資本が短期間で回収できていることを示す。１５年３月末に1兆８３８億円だった運転資本は２５４７億円に、ＣＣＣは１１５日から２４日に減った。

運転資本の圧縮に伴い、既存事業でのキャッシュインが増え、結果的に財務の大幅な悪化を防ぎ、資金余力を残している。

■ この10年で資本効率は劇的に改善した

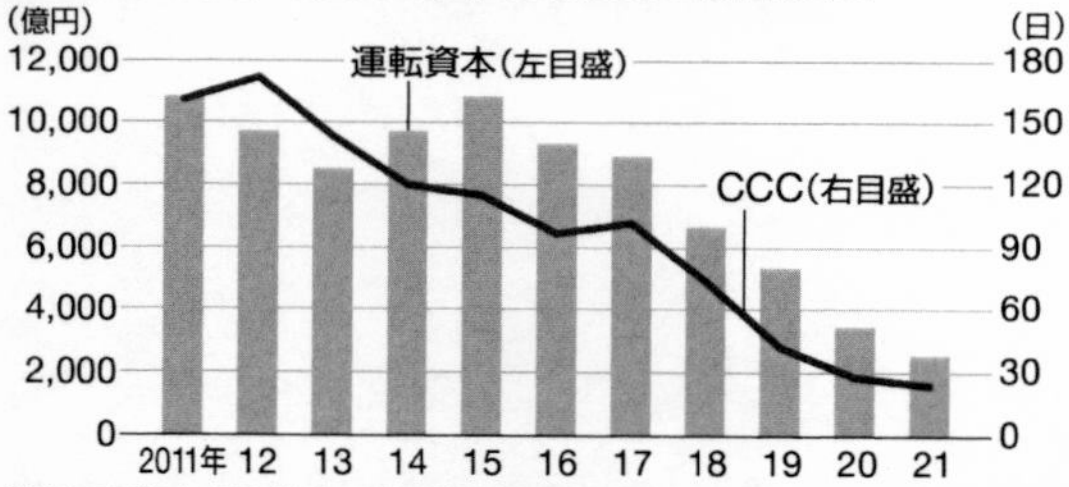

(注)各3月期末。運転資本=売上債権(契約資産含む)+棚卸し資産ー買い入れ債務ー前受金(契約債務)の合計値。CCC=売上債権回転日数+棚卸し資産回転日数ー仕入れ債務回転日数。事業ドメイン計の運転資本と売上高で算定
(出所)三菱重工の決算資料

前CFOが旗振り役

こうした資本効率を重視した経営戦略に転換する仕組みを構築したのが、宮永俊一前社長から全幅の信頼を寄せられていた小口正範前ＣＦＯ（最高財務責任者）だ。問題意識の根底にあったのが、三菱重工に限らず日本企業に多く見られる、売上高や純利益などの指標を過度に重視する経営戦略からの脱却だ。

投資に回す資金の捻出と稼ぐ力を見るために、資産構成とキャッシュフローを重視する経営へと変革。小口氏はかねて「基礎となるのは総資産だ。企業経営の根幹は、総資産をうまく活用して、事業規模や企業価値を最大化することだ」と指摘してきた。

工場などの固定資産の圧縮にも取り組み、１９年には長らく祖業の造船を引っ張ってきた長崎造船所香焼（こうやぎ）工場の売却も決めた。さらに日立製作所との海外火力発電をめぐる係争の解消やスペースジェット関連資産の多額減損も行い、総資産は数年間で１兆円近くも圧縮が進んでいる。

ただ運転資本の圧縮は限界に来ている。今後は本業の利益からキャッシュフローを生み出さなければならない。小口氏の後任の小澤壽人CFOは「今までは総資産の大きさが問題だったが、今後は利益を生む質の高い資産構成への入れ替えが必要」と語る。

小口氏時代にキャッシュフロー経営の先を見据え、会社の健全な財務ポジションとして打ち出したのが、独自の経営指標「トリプルワンプロポーション」だ。総資産、売上高、株式時価総額の3つの額がそれぞれ等しくなることを目指す。これが達成されると、バランスの取れた経営が達成されるというものだ。

売り上げ規模に対して過大だった総資産は圧縮に成功した。この3つの数値のうち、極めて低い水準にある時価総額を上げるためには、市場が期待する利益水準を安定的に達成する経営が求められる。

そうした体制をつくるためには事業ポートフォリオの入れ替えも視野に入る。今度こそ失敗のできない稼ぎ頭の探索が必要になる。

（高橋玲央）

稼ぎ頭も戦略見直し対象に

火力発電に脱炭素の逆風

兵庫県高砂市の三菱パワー高砂工場。高さ42メートルの防音壁に守られた巨大な実証プラントが2020年7月、運転を開始した。ここで動かしているのは火力発電向けガスタービン「JAC形」の実証機だ。出力は56・6万キロワットで世界最大級を誇る。

最新鋭の監視システムを備え、発電効率も世界最高水準だ。地域の電力網に接続した状態で、実際の発電所と同じ運用を行いながら新開発技術の信頼性を検証する。同社が「世界中ほかに例を見ない」と胸を張る施設だ。今後、拡大を見込む水素燃焼型のガスタービン開発でも、この実証機から得られた知見を活用する予定だ。

新型機の開発状況や市況の変化によって大きく業績が振れる航空機関連と違い、火力発電事業は三菱重工の事業の中でも安定して稼ぎを生み出す「大黒柱」的存在だ。足元でも新型コロナの影響により若干の工事遅延が見られたものの、受注は回復傾向だという。

出力10万キロワット以上の大型ガスタービンでは、技術的ハードルが高いことから三菱重工と独シーメンス、米GEの3社による寡占状態が定着しており、環境は悪くない。民間調査会社の分析によると20年後半のガスタービン世界シェア1位は三菱重工が獲得した。

三菱重工の中で火力発電事業の存在が大きくなる一方、今後押し寄せてくるのが「脱炭素」の逆風だ。三菱重工は石炭火力発電向けのボイラーなども手がけるが、石炭火力は世界的に廃止される方向。三菱重工幹部も「新設は一部の案件を除き、なくなるだろう」と認める。液化天然ガス（LNG）だきガスタービンも、再生可能エネルギーが普及すれば、長期的には先細りしていく見込みだ。

■ 火力部門は安定した利益を稼いできた

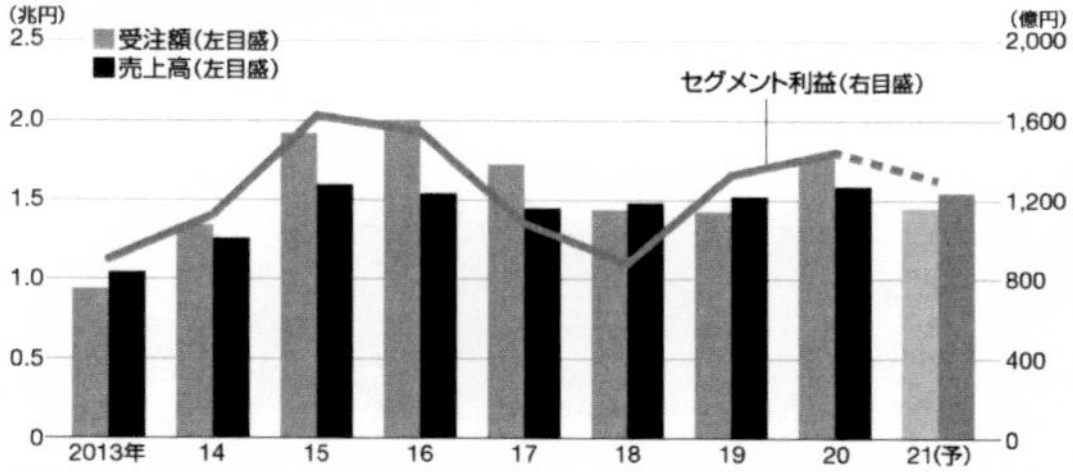

(注)2016年3月期まではエネルギー・環境セグメント。以降はパワーセグメント。各3月期 (出所)三菱重工の決算資料

水素を軸に活路求める

世界情勢の変化を背景に、三菱重工は化石燃料に依存するエネルギー関連事業の構造転換に乗り出した。20年秋に発表した新たな事業計画で、成長戦略の柱に「エナジートランジション」（エネルギー転換）を初めて掲げた。日本政府が50年に温室効果ガス排出を「実質ゼロ」（カーボンニュートラル）とする目標を打ち出したことにも呼応した形だ。

既存の発電所への人工知能（AI）を利用した効率運転の提案に力を注ぐほか、水素ガスタービンや大型燃料電池、水素ガスエンジンといった、水素を利用した動力源の開発を進めていくという。

20年3月には米ユタ州で水素の製造・貯留・供給まで一貫して事業化するプロジェクトで大型発電装置を受注。さらに同年9月には米テキサス州など4州で電力事業を営む企業と水素発電に関する協業も始めた。米国以外でも、シンガポールやオーストラリアで水素やアンモニアを使った、二酸化炭素を排出しない発電プロジェクトへの参加を決めている。

注力するのは発電分野だけにとどまらない。燃料電池や水素還元製鉄といった発電以外での水素利用のほか、製造や輸送まで視野に入れた水素関連のサプライチェーン全体への関与を目指しており、「地域ニーズに合わせた適切なパートナーと組む」（細見健太郎エナジードメイン長）という。

こうした事業は、20年9月に日立製作所との合弁から全株式を取得して完全子会社化した三菱パワー（旧三菱日立パワーシステムズ）が中心的な役割を果たしていく。同社の河相健社長は「水素を制することこそがビジネスチャンス。目指す方向がはっきりし、士気は高まっている」と話す。

現在、ほぼゼロに等しい水素や二酸化炭素対策の関連事業の売り上げを、30年までに3000億円規模まで伸ばすという意欲的な計画だ。社長直轄で全社の成長戦略を統括する加口仁・常務執行役員も「当社グループの将来を担った一大プロジェクト。総力を結集させて取り組む」と力を込める。

ただ、脱炭素といっても、三菱重工が重視する水素は、発電分野での役割が大きいわけではない。例えば、資源エネルギー庁が20年12月に示した50年の再エネ導入の参考値では、水素・アンモニアは電源別発電量のうち1割程度しか満たさない。

もちろん、この参考値は二酸化炭素回収などで化石燃料活用を一定程度残したり、原子力を活用したりした前提で作られている。製鉄や運輸など実際に水素の果たす役割はもう少し広い可能性があるが、いずれにせよ、30年までに3000億円規模という目標値のハードルはかなり高い。

■ 2050年には再生エネが5割超え

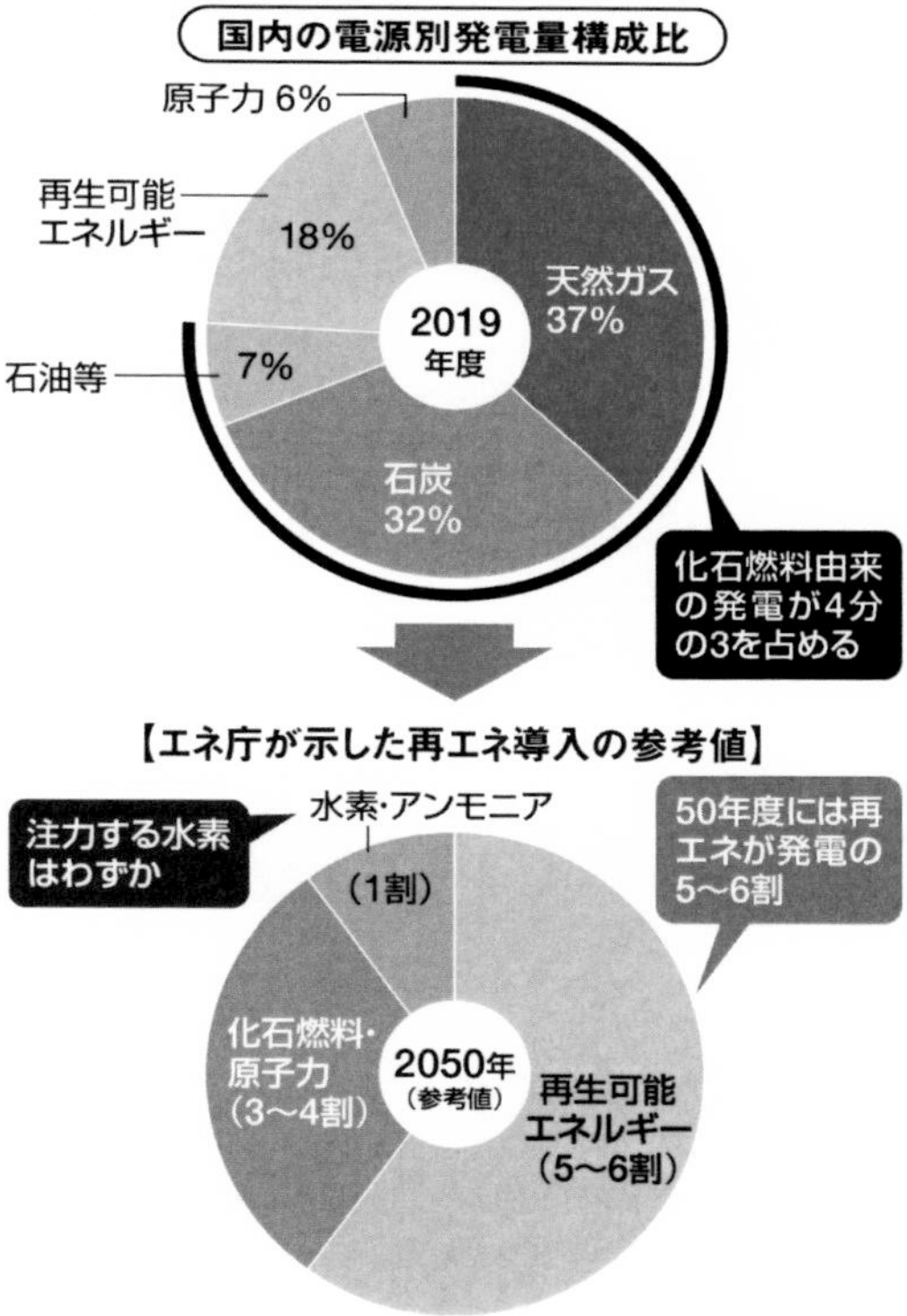

（出所）資源エネルギー庁

洋上風力では合弁解消

　また水素ばかりに注力する成長戦略も疑問視する声がある。脱炭素時代の主要なエネルギー源の１つとして注目される洋上風力発電では戦略があいまいだ。

　三菱重工は２０年１０月、１４年からデンマークのヴェスタスと折半出資で進めてきた洋上風力発電設備専業企業「ＭＨＩヴェスタス」の持ち分をすべてヴェスタスに譲渡し、合弁を解消すると発表した。

　今後は洋上風力発電設備の設計や製造をヴェスタスに委ねたうえで、アジア向けの洋上風力販売会社を新たに合弁で設立し、日本国内に工場を造るようヴェスタスに促していくという。ただ合弁解消により、三菱重工は洋上風力の製造から手を引く。販売に特化することになり、事業縮小は否めない。

　三菱重工は１９８０年代から風力発電設備を製造し、陸上風力では国内外で多くの納入実績がある。洋上風力でも、新エネルギー・産業技術総合開発機構（ＮＥＤＯ）とともに開発に携わり、独自技術による事業化を進めてきた。

だが、14年に一転、三菱重工は「自前主義」を捨て、ヴェスタスとの合弁に踏み切った。欧州が中心の洋上風力市場を生き抜くには、専門技術を持つ外部との連携が不可欠と判断したためだ。ヴェスタスは陸上風力では世界トップ級のメーカーだ。欧州にあるヴェスタスの拠点で製造することにより、洋上風力の世界でもトップ級の地位を築く狙いがあった。

洋上風力発電装置でMHIヴェスタスはスペインのシーメンスガメサに次ぐ世界2位だ。年々出力が大きくなる洋上風力発電装置は、製造が難しくなっている。そのため、「大型ガスタービンや造船など巨大構造物を造るノウハウを持つ三菱重工の力がなければ、MHIヴェスタスの成功はなかった」と、三菱重工関係者は自負する。だが、本社はデンマークにあり、これまで主導権がヴェスタス側にあったことは否めない。

一方、三菱重工は合弁解消とともにヴェスタス本体の株式2・5%を取得し、三菱重工の細見氏を社外取締役として派遣する。事業会社としてはヴェスタスの最大株主になるという。

細見氏は「インダストリアルパートナーとしてシナジーが効く機会があるため、ヴェスタス側から取締役会に派遣してほしいと言われた」として、今後も三菱重工の果たす役割は大きいと強調する。三菱重工幹部も「うちが洋上風力から撤退したとみられるのは不本意だ」と語気を強める。

いいところ取りされた

ただ、わずかな出資と取締役1人の派遣をどう生かせるのか。この先の青写真ははっきりしない。

これまで欧州中心だった洋上風力発電は今後、台湾や韓国などアジアで急速に広がっていく。日本でも経済産業省と国土交通省が普及に向けた官民協議会を立ち上げ、30年までに1000万キロワット、40年までに3000万〜4500万キロワットの案件を形成するという「洋上風力産業ビジョン」を20年12月に示したばかりだ。

そんな中での三菱重工の合弁解消発表について、市場関係者は「成長領域の果実をすべて欲しいヴェスタスに、いいところを持っていかれただけ」と手厳しい。

カーボンニュートラル達成時の電源は洋上風力が主力になることが確実だ。しかし、その洋上風力発電の戦略があいまいなままでは、せっかくの水素戦略も画竜点睛を欠くことになりかねない。

20年12月、トヨタ自動車や岩谷産業、三井物産など国内88社は、水素の需要創出などを目的とした「水素バリューチェーン推進協議会」を発足させた。ところがそこに三菱重工の名前はなかった。海外プロジェクトで積極的な協業が目立つが、こうした国内での「船に乗り遅れる」事例も起きるなど、他社との連携には不安も残す。

火力で世界トップ級の三菱重工。その残存者利益を十分に使いながら、次世代のエネルギー産業でも重要な地位を確保することができるか。残された時間は多くない。

（高橋玲央）

INTERVIEW

「水素ガスタービンを広げる」

三菱パワー　社長・河相健

日立製作所との火力発電の合弁会社を全株取得し、三菱重工が完全子会社化した三菱パワー。脱炭素時代にどう生き残るか。河相健社長に聞いた。

――足元の受注状況は。

ガスタービンの需要は一時落ち込んだが、ここに来て市場は回復傾向にある。2020年後半のガスタービン市場の世界シェアは1位を確保することができた。顧客からは「JAC形」への評価が高い。他社製品よりも性能が上回っていることに加え、高砂工場に実証機を入れて研究をしており、ここで得られた知見が信頼性に大きく貢献している。開発から設計、製造、実証まですべて自社の量産工場で行っており、これは他社にはない、われわれ独自の取り組みだ。

――50年に温室効果ガスの排出を実質ゼロにする方針を日本政府が打ち出すなど、脱炭素の動きが加速しています。

石炭火力発電の新設は激減するだろう。顧客からの要望があれば対応できる程度の能力を残しておく形になる。ただサービス事業へのシフトとガスタービンの伸びで、事業規模をある程度確保できると考えている。高効率のガスタービンを納めることで、低炭素化の実現にも貢献できる。

今後の注目は水素利用をどれだけ広げられるかだ。われわれは18年にLNG（液化天然ガス）に水素を30％混ぜて発電することを可能にした。これは既存のガスタービンの燃焼機だけを取り換えれば大丈夫だ。さらに、25年には100％水素だきのガスタービン開発も終わる予定だ。水素調達などのサプライチェーンができ次第、水素発電は増えるだろう。50年に温室効果ガスの排出実質ゼロを目指す国の方針に従いつつ、20年代は水素発電の混焼設備を拡大したい。例えば、40万キロワットの100％水素燃焼ガスタービンは、電気自動車200万台分の電気に相当する。脱炭素への貢献度は高い。

石炭火力はサービス拡充

――ガスタービンに並ぶ事業の柱、石炭火力発電は減る見込みです。

実は石炭火力はガスタービンほどきめ細かなサービスが必要なかった。だが、効率運転にはアフターサービスが重要で、そこが収益源になる。さらに、既設の石炭火力に対して、バイオ燃料やアンモニア混焼といった機能を加えることで低炭素化に貢献していく。

世界に目を向けると、中国製の効率の悪いボイラーが東南アジアなどに導入されている。こうした地域でも近年は低炭素化への意識が高まっており、われわれの技術で燃焼効率を上げる改造をしている。すでにいくつかの国から支援要請があり、活動は始まっている。

——日立との合弁解消で変わったことはありますか。

三菱重工の完全子会社になったことで、ずいぶん事業の幅が広がった。今までは日立本体に少しでも重なる事業があれば、われわれが取り扱えないというようなこともあった。今はあらゆる分野で三菱重工グループが一体で取り組めるようになって、格段にやりやすくなった。

——日立出身の社員との融合は順調ですか。

（三菱重工出身者も、日立出身者も）同じ火力発電ビジネスをやっていたので、そこは違和感なく融合できている。出身工場を基に、高砂工場かな、日立工場かなという話をすることはあるが、だからどうだということはない。

（聞き手・高橋玲央）

河相健（かわい・けん）

1955年生まれ。79年三菱重工業入社。一貫して火力畑を歩み、高砂製作所副所長などを歴任。アジア・パシフィック総代表兼インド総代表などを経て、2019年4月から現職。

グループ大再編がこれから本格化

航空機や火力発電以外にも、三菱重工グループは数多くの事業を抱えている。唯一の消費者向け製品「ビーバーエアコン」を展開する空調設備の三菱重工サーマルシステムズはオフィスや工場向けの空調に強みを持っており、業績は好調だ。また、独シーメンスとの合弁で規模を拡大した製鉄機械のプライメタルズテクノロジーズは世界有数だ。

さらに事業統合を繰り返して国内2位にのし上がったフォークリフトの三菱ロジスネクストや、三菱重工工作機械もあり、それぞれ存在感が高い。市場規模は小粒であっても競争力を持つグループ企業が多く、これらの事業で構成されるインダストリー&社会基盤セグメントは、2020年3月期に548億円の営業利益をたたき出すなど、業績を下支えしている。

だが、株価が低迷する中、このままのコングロマリット（複合企業）経営でいいのかという声は少なくない。日立製作所は足元で好調な事業でも大胆に取捨選択したことで復活した。「三菱重工もシナジー効果が見込めない事業は切り離したほうがいい」という市場からの圧力は高まっている。

「表に出すと社内が動揺」

あるアナリストは「ルームエアコンを三菱重工が持ち続ける意味があるのか」と疑問を呈する。またエンジンの排気量以上にパワーを出せるターボチャージャー（過給機）についても、今は堅調だが今後は脱炭素化で逆風が吹く。車の電動化が進めば、当然、搭載台数は減る。足元では同じ総合重工のＩＨＩと熾烈な競争もしており、「将来縮小が見込まれる市場で争いを続けるべきではない」（市場関係者）という指摘もある。

20年10月にアナリスト向けに説明した将来の事業計画は、こうしたセグメント別の業績目標が公開されず、驚きと困惑が広がった。

アナリストからはその理由を求める質問が相次いだが、三菱重工側は明確な回答を避けたという。前出のアナリストは「売却など、すでに具体的に考えている青写真があるからだろう」と予測する。実際、三菱重工幹部は「どこを売るというような話を表に出したら社内が動揺する」と本音を漏らす。

16年ごろまでにグループ事業の事業会社化を進めてきた経緯があり、足元では売却や資本提携のハードルが下がっている。水面下での動きが今後、一気に表面化するのは間違いない。

事業子会社が多く売却しやすい
―三菱重工の主な子会社と取扱製品―

三菱パワー	火力発電設備
三菱重工航空エンジン	航空機エンジン
三菱重工コンプレッサ	コンプレッサー
三菱重工マリンマシナリ	船舶用過給機、舶用タービン
三菱重工サーマルシステムズ	ルームエアコン、大型冷凍機
三菱ロジスネクスト	フォークリフト
三菱造船	造船
三菱重工工作機械	工作機械
三菱重工環境・化学エンジニアリング	廃棄物処理施設
三菱重工エンジンシステム	発電エンジン、ターボチャージャー
三菱重工冷熱	ルームエアコン、空調システム
三菱重工海洋鉄構	LNG運搬船、海洋構造物
プライメタルズテクノロジーズ	製鉄機械
三菱航空機	スペースジェット

中でも、中韓勢との価格競争で厳しい造船事業はすでに再編秒読みともいえる。国内造船首位の今治造船と2位のジャパン マリンユナイテッド（JMU）は営業・設計業務を統合する新会社を21年に入って設立。2社を合わせた建造力で多数の船の一括受注を目指す方針だ。三菱重工も何かしらの対応を迫られるのは必至だ。

一方、グループ会社再編は簡単ではない。生産拠点やそこで働く従業員の処遇への責任も伴うからだ。日本の高度経済成長を支えてきた三菱重工は、太平洋ベルト沿いを中心に多くの工場を抱えている。財務戦略として資産回転率の向上を進める過程で売却した工場も少なくないが、それでもなお設備の過剰感は強い。

19年には三菱発祥の地でもある長崎造船所の香焼工場を大島造船所に売却する方針を示した。だが、手続きや条件面での交渉が難航しており、いまだ合意には至っていない。

事業ポートフォリオ変革に伴い、国内人員の配置転換も進めようとしている。22年度までに民間航空機部門の人員を半減し、商船部門も25％減とするほか、火力部門の人員も24年度までに20％減らす方針だ。いずれも他部門への配置転換を中心に進めるが、グループ外への派遣や移籍も視野に入れている。

資産の有効活用も進める。20年11月には長崎造船所内で航空エンジン部品の新工場が稼働した。造船などが縮小する中、アフター・コロナには伸びが期待できる航空エンジンの分野で仕事を確保しようという動きだ。

また今後の注目点の1つが、洋上風力発電での合弁を解消したデンマーク・ヴェスタス社の動きだ。同社の製造拠点は欧州にしかないが、アジア・太平洋での需要増大に対応するため、この地域に製造拠点を設ける方針だ。洋上風力の計画で先行する台湾や韓国よりも日本国内に拠点を置くことの優位性を示す必要があるが、関係の深い三菱重工の工場を転用する可能性は十分にある。

製造立国ニッポンを支えた工場をどうするか。三菱重工はここでも難しい局面にある。

（高橋玲央）

官需への依存続くロケット

98・1%――。三菱重工が運用してきたロケット「H2A」と「H2B」の2機種を合わせた打ち上げ成功率は、信頼性の世界水準である95%を上回る。とくに2020年5月に最終機を打ち上げたH2Bは成功率100%を達成。有終の美を飾った。

両機種とも同社が宇宙航空研究開発機構（JAXA）と開発した日本の基幹ロケットだ。ロケットに必要な主要技術をすべて国内開発した「H2」は成功率71・4%と産みの苦しみを味わったが、改良型のH2Aでようやく国産ロケットの技術力の高さを示した。

三菱重工の航空・防衛・宇宙セグメントの20年3月期の売上高は7049億円。

詳細は非開示だが、同社やＪＡＸＡの関係者らは「ロケット関連の売り上げ規模は１０００億円程度で損益は黒字」と話す。航空関連事業がコロナ禍で苦戦しているほか、防衛関連事業も時期によって受注にばらつきがある。その中でロケットなどの宇宙関連事業は安定した支えといえる。

ロケット開発をリードしてきた一方、外部との関係構築が苦手とみられてきた。「三菱重工は宇宙ベンチャーとあまり交わりたくないようだ」。国内宇宙ベンチャーの代表や幹部たちはそう話す。

川崎重工業やＩＨＩなどほかの重工大手が宇宙ベンチャーと資金や業務で協力関係を結び、人材交流など大企業の知見を共有する例が出ているのに対し、三菱重工とはあまりないというのだ。「ロケットや人工衛星を使った新サービスが次々生まれる中、交流が少ないのは（三菱重工にも）よくない」（ＪＡＸＡ関係者）との声も上がる。

三菱重工も変わりつつある。２０年１０月にベンチャー企業の支援を想定したオープンラボを本格始動。宇宙空間に近い環境で性能試験を行える熱真空試験装置もあり、宇宙ベンチャーとの関わりを増やそうとしている。

スペースXのコストの倍

ロケットの顧客も偏っており、いかに外に目を向けるかが問われている。商用衛星などの民需や海外需要の取り込みだ。過去に三菱重工が手がけた衛星打ち上げ輸送の顧客は日本政府や国内公的機関を通したものが大半で、官需依存が目立つ。

近年は民間での人工衛星の開発が容易になったことや、民間での利用方法が広がっていることから、世界的に衛星輸送サービスの市場が拡大。三菱重工も事業成長を目指し、商用衛星の受注競争に臨む。

海外では欧州の老舗アリアンスペース、米テスラのCEOイーロン・マスク氏が率いる米スペースXや米ロケットラボといった新興ロケット企業など競合がひしめく。多くの受注を獲得しようとロケットの低価格化や営業活動の強化が進む。スペースXが運用する「ファルコン9」の打ち上げ費用はH2Aの半分の約50億円だ。

三菱重工は20年7月にUAEのドバイ政府宇宙機関の火星探査機「HOPE」をH2A42号機で打ち上げた。16年に受注したもので、H2Aの海外顧客からの受注としては4件目。実績を重ねているが、自国以外から受注した衛星の打ち上げを毎年複数行う海外勢と比べると出遅れは否めない。

三菱重工防衛・宇宙セグメント長の阿部直彦執行役員は「『H3』でコストを下げないと大きく取り残される」と危機感を隠さない。

21年度に初号機の打ち上げが予定される後継機種H3は民生用部品を活用して製造費を抑制。組み立て工程や射場の整備期間も短縮し、年間打ち上げ可能回数を増やして量産化を図ることで、打ち上げ費用はファルコン9と同等の約50億円を目指す。アリアンスペースが22年にも投入する「アリアン6」も約50億円の見込みだ。

H3の打ち上げ費用を50億円にする量産数の前提は年間6機。官需で見込める需要は3機程度で、残り3機は自力での受注が必要だ。H2Aで高めた信頼性もあり、すでに英国の通信衛星サービス大手から受注を獲得した。だが、人工衛星打ち上げ支援サービスを行う企業の幹部は「官需依存だったからか海外勢より商談に慣れておらず営業力がまだ弱い」と指摘する。

世界のロケット市場で勝ち残れるのか。宇宙開発をリードしてきた名門企業の真価が問われている。

（劉　彦甫）

防衛予算は増えても薄利ビジネス

戦車、護衛艦、潜水艦、戦闘機 ――。陸海空を網羅する三菱重工は日本防衛産業の中核を成している。

中国の軍拡や海洋進出によって、日本を取り巻く安全保障環境は悪化。2020年末に菅政権が閣議決定した21年度当初予算案で防衛費は5兆3422億円と7年連続で過去最大を更新した。

ただ、日本の安全保障を支える防衛産業は疲弊している。各社は防衛関連事業で利益を出せず、業績が圧迫されているからだ。

防衛予算は増え続けているが、例年そのうちのおよそ8割は人件費や糧食費、活動経費、装備の整備費に充てられる。そのため、新たな装備の購入費は年間で約1兆円。

さらに米国からの防衛装備品の輸入拡大で国内企業の受注機会が減少し、防衛費拡大の恩恵はあまりない。０６年以降に原則として一般競争入札になったため価格競争が激しくなったことも影響し、受注を獲得しても利益が出ないことも多い。

武器輸出も難しく、今後の市場拡大は見込みづらい。生産量を増やし製品１単位当たりのコストを下げることもかなわない。日本の防衛産業はまさに袋小路の状況だ。

すでに防衛産業から撤退する動きが相次いでいる。１９年にコマツは陸上自衛隊向けの軽装甲機動車の開発を中止。２０年には三井E&Sホールディングスが護衛艦を手がける艦艇事業を三菱重工に売却する方針を示し、協議が行われている。また防衛装備の部品を製造するサプライヤーでは島津製作所などのように撤退を示唆する動きも出る。

最大手の三菱重工でも防衛向けは全社売上高の１割に満たない。防衛向けに依存する中小企業を除けば、薄利で受注が安定しない防衛産業に関わり続ける意義は使命感以外にないのが実態だ。

数少ない恩恵は戦闘機

暗澹たる中、日本の防衛産業の延命に一役買う形になったのが、航空自衛隊のF２戦闘機の後継として３５年の配備が目指されている次期戦闘機の開発だ。２０年１０月末に防衛省は三菱重工を次期戦闘機の開発主体とする契約を締結した。

米国のロッキード・マーチンが技術支援を行う。一方で三菱重工が開発主体となり、エンジンをはじめとする各種部品の開発を国内企業が担う想定だ。２１年度の開発費は５７６億円だが、最終的に数兆円規模の事業になる。技術面の蓄積も期待でき、日本の防衛産業にとって数少ない恩恵の１つになりそうだ。

構造不況で再編淘汰が進む中、苦境を脱することはできるか。中核企業である三菱重工が背負う責任は非常に大きい。

「脱自前」で新事業に挑む

既存事業の行き詰まりが見える中、新領域の開拓は待ったなしの課題だ。発電設備や防衛、宇宙機器といった三菱重工が得意とする技術には、過酷な環境で高精度、高信頼性を確保しながら動かす、ほかにはまねできないものも多い。こうした既存技術を新領域に生かすには、ベンチャー企業など外部の力を取り込み、今までになかった発想を生み出す必要がある。そのためのオープンラボが2020年10月に本格始動した。

羽田空港から車で30分。横浜港の工業地帯にある三菱重工・本牧工場内、かつてガスタービンの部品を作っていた工場跡地を活用した「横浜ハードテックハブ（YHH）」だ。作業スペースをベンチャー企業に貸し出し、新たなイノベーション創出を狙う。

日立製作所が中央研究所内に開設した「協創の森」など類似の施設は他社にもある。だが、特筆すべきは設備の規模だ。高さが10メートル以上ある巨大な建屋は大型の機械設備を搬入可能で、厚さ45センチメートルのコンクリート床は大きな振動にも耐えられる。危険物の取り扱いも可能で、高圧電源やクレーンも用意されている。工業地帯のど真ん中にあるため、騒音を気にせずに24時間利用できることも強みだ。これだけの施設を新設すると数百億円規模の資金が必要になる。担当者は「重工型の技術を『ハードテック』と名付けした。これだけの設備を持つオープンラボはほかにはない」と胸を張る。

21年1月現在、デジタル設計で複雑な木造建築を建設するVUILDや、小型衛星開発を手がけるオービタルエンジニアリングなど5社が入居している。

20年12月には、開所後初めてのイベントがオンラインで行われた。「宇宙分野のものづくり」をテーマにしたディスカッションでは、参加者から「中小企業では宇宙産業の限られた部分にしか関われない」「ものづくりのエンジニアは流動性が低い。

大企業で何十年もやってきた人の知見を共有する場が欲しい」といった注文が相次いだ。今後、こうした意見を参考に、これまで手薄だったベンチャーとのつながりの形成を目指す。

出身問わずに社内公募

YHH発で三菱重工の具体的な新事業を創出するだけではない。併せて見据えるのは社内の意識改革だ。所属する三菱重工社員も原子力や工作機械などさまざまな出自を持つ人材を公募でそろえた。こうした取り組みを通して、イノベーションに挑戦する社員を増やしたい考えだ。

背景には、自前主義を打破したいとの問題意識がある。同社には「社内の風通しが悪い」という批判がある。防衛など機密性の高い事業を扱う性格上、縦割りの組織が革新の邪魔になる場面もあった。社員からは「部署の数だけ壁があって社内調整が大変」との悲鳴が上がる。

もっとも、手をこまぬいていたわけではない。縦割りの打破を狙い、事業所ごとに存在していた研究所を統合したり、研究開発体制にマーケティングや調達機能を組み込んだりといった組織面での改革はこれまでも行ってきた。18年には「イノベーション推進研究所」を設立。若手研究者を革新技術の研究開発に充ててきた。「会社は今変わろうとしている」。ある若手社員は今の雰囲気をそう感じる。

三菱重工は将来、「空飛ぶ車」の動力源としてタービンで培った回転体に関する技術も応用できないか等の検討を進めている。24年までの事業計画では成長が見込めそうな新規事業に1800億円を投資し、売り上げ1000億円規模の事業を創出する計画だ。

新規事業の探索を担当する三菱重工の古屋孝明シニアフェローは「社会インフラをつくるコア技術では、ほかにないものが三菱重工にはある」と話す。そこには自分たちこそがものづくりの技術革新をリードするという自信がにじむ。その自信を「独り善がり」にしないためにも、YHHの取り組みの成果が待たれる。

(高橋玲央)

「ネットワーク型の革新生む拠点をつくる」

三菱重工業執行役員（シニアフェロー）技術戦略推進室技師長・古屋孝明

ベンチャーとの橋渡しを狙うＹＨＨ。担当役員の古屋孝明シニアフェローに聞いた。

――ＹＨＨをつくろうとした経緯は。

最近は社会の課題がより複雑化する中、これまでのようなヒエラルキー型の組織構造や分業制でやっていく部分と、（多くの企業などが集まった）ネットワーク型で柔軟にイノベーションをつくり出す部分の両方が必要になっている。新しい価値や変化に対応して、社内にないものをうまく組み合わせていかなければならない。そのためにビジネスや市場を大きく変えるテクノロジーをスカウトしていきたい。ＹＨＨはそういう発想の下、自然とできた。

悩みに応えていきたい

――ほかのオープンラボにはないような大規模な施設がユニークです。

われわれが「ハードテック」と呼んでいるものだ。つまり、デジタルとフィジカルが組み合わさるところにＹＨＨの面白さがある。デジタル空間でいろいろな分析をしたうえで、それを再び現実のフィジカルに実装することは大変だ。ＹＨＨに入居したいというベンチャーの人たちからは、（従来あるようなオープンラボでは）「騒音を出せない」とか「重い機械を搬入できる場所がない」といった悩みを聞いていた。そういうことに応えられるのは三菱重工の工場跡地ならではの特徴だ。

――どういった成果に期待していますか。

今のところ、入居している人たちに「三菱重工のために何かしてほしい」とは思っていない。いろんなプレーヤーが集まってイノベーションを起こしてほしい。そういうネットワーク、場を提供していきたいと考えている。

――三菱重工はこれまであまりオープンではなく、「自前主義」という批判がありました。

社内に横串を通す部門はすでにあって、いろんな技術基盤をつくる機能は強い。ただ、社外から見て「それは自前主義ではないか」と言われれば、そういうところもあるだろう。（社内の横串を）外部との連携へもっと広げていくことが大事なのはそのとおりだ。

そういう意味でも今回のような活動に、三菱重工の社員はたくさん関係を持ってほしい。それが各自のモチベーションにつながったり、ネットワーク型の価値創造につながったりするはずだ。

古屋孝明（ふるや・たかあき）

1961年生まれ。東京工業大学大学院修了。86年三菱重工業入社。火力プラント技術部などを経て、2013年イノベーション推進部長。以降技術革新部門を担当し20年4月から現職。

サイロ破壊の若き旗手たち

2011年、三菱重工との統合構想が破談した日立製作所。その前後から事業ポートフォリオを大きく見直してきた。旧来型の製造業から脱却し、サービス中心の高収益企業へ変身しつつある。

推進役は、あらゆるモノをインターネットにつなげる独自のIoT基盤「ルマーダ」だ。

ルマーダとは「イルミネート・データ」（データに光を照らす）に由来する造語。その名のとおり、データを成長の種と見据えている。当初は誰にも理解してもらえず、「これ、何ですか？」「宗教ですか？」と社内外から揶揄された。だが、ルマーダ関連の売上高は今では1兆円を超え、2021年度には1・4兆円を目指せるまでに成長。

30万人を超えるグループ社員が「レッツ！ ルマーダ」の掛け声の下に一致団結する。

かつて日立は事業領域が広い一方、それぞれの事業が特定顧客の受注生産に頼り、横の連携がないサイロ（縦割り構造）になっていた。それを打破しようと、2016年に社長の東原敏昭がルマーダという旗印を掲げた。

日立は創業以来、制御・運用技術（OT）に強みを持ち、そこから多くのデータを蓄積していた。一方でITなどの情報システムも50年以上の歴史がある。東原は「OTとITとプロダクトをすべて持っているのは世界でも日立くらいだ」と強調する。OTなど現場のリアルと、ビッグデータを分析するIT。連携が不足していたそれらをつなぐ共通基盤として立ち上げたのがルマーダだ。

IT部門でルマーダ推進の現場リーダーを務めるアプリケーションサービス第1本部本部長の高木順一朗（46）は、「社内の多くの部署から問い合わせがある。今は誰もがまずルマーダで考える発想ができている。ワン日立になってきた」と変化を実感する。

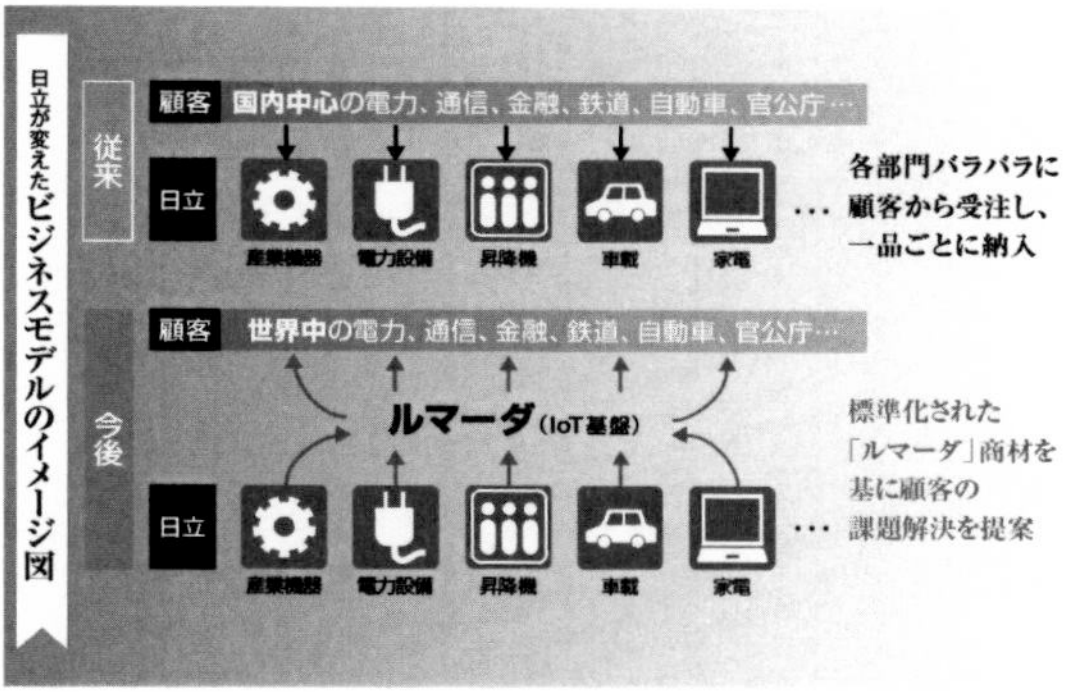

主なルマーダの商材名	概 要
日立データハブ	現場データの収集基盤
経営・製造ダッシュボード	分析データの可視化
JP1 for IoT	機器・デバイスの管理
材料データ分析環境提供サービス	材料データの分析
社会インフラ保守プラットフォーム	社会インフラの点検や保守業務の管理・支援
配送最適化サービス	最適な配送計画の立案
修理リコメンデーションサービス	各種修理業務の効率化

標準化で横展開

高木のもとには多くのユースケース（効果を示す事例）が集まる。それを基に「ルマーダソリューションハブ」という、クラウド上で使える開発環境を作り、ほかの事業にも応用できるようにするのがミッションだ。すでに80件近くのハブを作り終えている。

ルマーダの特徴は標準化された商材を作り、ブロック玩具のようにそれらを組み合わせて横展開できること。その結果、顧客も日立もコストを抑制でき、システム構築の迅速化が図れる。

従来は顧客の御用聞きをしながらシステムを一から作り込んでいたため、膨大なカスタマイズが生まれ、投資回収が難しかった。だが今は顧客の課題が複雑化し、業界をまたぐ案件も増加。日立にとっても、部署単位では解決できない課題が生じ、顧客から言われたとおりに作ることが限界にきていた。高木は、「顧客の課題解決へ向けて、ルマーダを使った新たな価値を日立から提案するように変わってきた」と話す。

専門性が高いエネルギー部門も変わりつつある。その最前線に立ちグローバルでルマーダを推進するのが、デジタル事業戦略本部・主任技師の松田慎司（38）だ。最大市場は約300社の電力事業者を抱える北米。松田は「まず30社の電力事業者を回り、要望を探って提案を繰り返した。保守的な業界だが、手応えはかなりある」と自信を示す。

広大な北米では自然災害が電力事業者の課題だ。伸びた樹木の枝葉が送配電線に引っかかると、乾燥した空気で火災が広がって停電する。こうした樹木の接触を防ぐためのメンテナンスのコストは多大だ。数年前には大規模火災を起こした電力事業者が損害賠償を求められ倒産したケースもある。

そこで松田は衛星画像を活用したルマーダソリューションを提案。樹木の種類を画像診断で見極め、それぞれの樹木の成長率を予測し、伐採作業のスケジュールを提案していく。アジアでサトウキビの伐採時期の選定に活用していたソリューションを横展開したものだ。

さらに変圧器や遮断器など電力機器の予防保全には、音響分析ソリューションの活用を提案。それまでは専用のセンサーを使わなければ機器内部の異常検知は難しかった。電力設備を止めて行うため、コスト負担も大きい。そこで送配電設備の発する音を外部に設置したマイクで把握・分析することで異常を検知しようとしている。

電力市場をめぐっては、米グーグルなどＧＡＦＡも、得意のデータ予測を生かして攻めてきている。だが、松田は冷静だ。「電力事業はＩＴだけ知っていても難しい。ハードもすべて知る日立だからこそ強みが発揮できる」と話す。

ビル事業で「ルマーダキーパーソン」という特命で動いているのが、ビルビジネスユニット経営戦略統括本部・主任技師の大塚憲治だ。ルマーダキーパーソンは日立の主要事業に配属される精鋭で、現在１５０人近くいる。ルマーダを起点に新規事業を立ち上げるのがミッションだ。

大塚は公共サービス部門などにいて、ビル事業は門外漢。日立に限らず製造業では、専門性を重視し同じ部署で会社人生を全うするのが常識だ。それだけにビル事業に乗り込んだ当初は警戒された。「ビル事業の柱であるエレベーターは命を預かっている。不用意にデジタル化していいものではない」とベテラン技師から忠告された。

だが、大塚は「エレベーターは人を動かすためのプロダクトである一方、ルマーダの視点で見ると、（いつ誰がどう動いているかを可視化できる）人流センサーです」と説いた。ビル事業に移って約2年。ルマーダの1つの形として20年出来上がったのが「ビルミライ」だ。ビル設備の稼働状況を遠隔で統合的に監視・分析できるソリューションで、各フロアの混雑度など人流データを組み合わせて分析できる。

コロナ禍でオフィス不要論が叫ばれる中、ビルオーナーはフロア貸しが難しくなっている。そこで、人流に着目した新たなビルの価値を提案している。ビル以外の用途にも横展開可能なルマーダ商材としても認定される予定だ。「ルマーダキーパーソンとしてビル事業の事例を全社で共有したい。データが飯の種になるという発想に変えていきたい」と意欲を示す。

ITコンサルの巨人へ

日立はルマーダを通じて社内のサイロを破壊しながら顧客への提案力をつけてきた。

そのルマーダの旗振り役を担うのがIT部門だ。コロナ禍にもかかわらず20年4～9月期の売上高営業利益率は10%を超え、世界と戦える水準に到達。次に目指すのが米IBMやアクセンチュアなどITコンサルティングの巨人たちがいる世界だ。

ルマーダ拡大の視線は海外に移っている。その最前線に立つのが米シリコンバレーに本社を置く日立ヴァンタラだ。不足するデジタル人材を米GEやIBMなどから次々と引っ張っている。

中でも2017年に日立が引き抜いた大物の一人が、GEデジタル部門のトップだったブラッド・スラク。20年秋まで日立ヴァンタラでデジタルソリューションズ部門のトップを務めた。スラクは「日立とGEは産業的に類似しているが、日立はデジタルとインダストリーの両方を持っており、そこに大きな魅力を感じている」と話す。

GEは重電の世界的大手。長年、日立の先生でもありライバルだ。IoT基盤「プレディクス」で先行してデジタル企業へ変身。強みの航空機エンジンにセンサーを付けて故障を検知するなど、航空会社の定時運航率を上げることに貢献してきた。だが、

GEは知見のない領域まで手を広げ、囲い込みも図ったことでその後は失敗した。日立はGEと同じ轍を踏むつもりはない。20年秋に打ち出したのが「ルマーダ・アライアンス・プログラム」だ。従来は日立と顧客が1対1で向き合う場合が多かったが、今後は複数対複数が目標だ。日立が不得意な領域もパートナー同士が知見を出し合うことで事業創出を狙い、ルマーダを基盤にしたエコシステム構築を目指す。ソニーなど約30社がすでに賛同した。

日立は生産現場を重視する。中期経営計画で掲げる重点投資の柱は、ルマーダ中心のITに加えて、産業分野のインダストリーだ。これらを両輪とみて、米国では産業・工場関連の巨額買収が相次ぐ。

17年には多くの工場で使われる空気圧縮機に強い米サルエアーを約1357億円で買収した。日立も強い分野だが、北米で4000社以上の顧客を持つサルエアーを起点に、さまざまな工場に入れる利点は大きい。さらに19年には約1582億円を投じ、ロボットSI（システムインテグレーター）大手の米JRオートメーションテクノロジーズの買収も発表。工場の生産ライン関連構築を狙う。インダストリー部門を率いる副社長の青木優和は「ルマーダが強みを発揮できるのは、強いプロダクトや現場があるからこそ」と断言する。

新たな製造業の形を見せられるか。日立の変化が製造立国の未来を占う。＝敬称略＝

（冨岡　耕）

INTERVIEW　ルマーダの旗振り役に聞く

「ヘルメットをかぶったSEになれ」

日立製作所副社長・塩塚啓一

ルマーダで全社に横串を通すIT部門のトップ・塩塚啓一副社長に聞いた。

――日立を牽引するIT部門は何が変わりましたか。

従来は、顧客の最初の要件定義どおりにシステムを作ろうとしても、実際は途中で「これもあれも欲しい」となって、横展開が難しく、想定外のコストや赤字が出ていた。それを、「ルマーダ」の共通テンプレートに乗せて、個別のソフトウェアをなるべく作らないような仕組みに変えた。ルマーダは多くの成功例があり、さまざまな企業で使える。共通テンプレートを使うことで、システム開発のスピードも品質も上がっている。

――日立の事業別サイロを壊したのはルマーダですか。

そうだ。ルマーダという全社共通の言葉ができたことが大きい。それまではITとOT（運用・制御技術）で使う言葉がまったく違っていた。機械やエレベーター、鉄道を造るOTでは「ルマーダって何？」という感じだったが、今はわれわれITが工場でOTを学ぶなど一体感がある。OTの人たちもITの言葉を知らなくてもルマーダという同じ目線で一緒に考えられるのは大きい。工場などの現場はデータの宝庫。私は日頃から「ヘルメットをかぶったSE（システムエンジニア）になれ」と言っている。現場がわからないと、顧客とも会話ができず、新しい価値を生み出すための「協創」もできない。

――20年秋にルマーダをオープン化すると発表しました。

ルマーダを使って、工場からデータをサイバー空間に上げて分析しても、それを現場に反映するとき、日立だけですべてをやるのは無理だ。だから「ルマーダ・アライアンス・プログラム」を発表した。センサー技術を持つソニーや競合の沖電気工業なども加わっている。今後は海外も含めてさらに増える。ルマーダの大きなエコシステムができれば、顧客の使い勝手がよくなり、われわれにもその一部が収益となる。

——今後の目標は何ですか。

ルマーダは顧客のビジネス環境に合わせて中身を変えなければならず再投資がつねに必要になる。日立はこれまで売って終わりのシステム開発会社だったが、サービス事業者に変わっていく。リカーリング（継続的な課金）モデルを構築し、米アクセンチュアや米ＩＢＭがいるブルーオーシャンの領域を目指す。

塩塚啓一（しおつか・けいいち）
中央大学経済学部卒業後、1977年に日立製作所入社。金融システム中心に情報通信畑を歩み、2013年常務、15年専務、17年から副社長。

過去最大1兆円で送配電買収

「黒船」ABB事業の勝算

「黒船の来航は（江戸時代末期の）日本を大混乱させたが、私は今回、意図して〝黒船〟を呼び込んだ。日立を真のグローバル企業にするために、変革のドライビングフォースにしたい」

日立製作所は2020年7月にスイスの重電名門ABBからパワーグリッド（送配電）事業を、過去最大となる1兆円規模（債務の引き受けを含む）で買収した。まず8割超の株式を取得して合弁会社「日立ABBパワーグリッド」（HAPG）を設立し、23年以降に完全子会社化する。日立の東原敏昭社長はABBを幕末に来航して開国を迫った外国艦船「黒船」に例え、高揚感を隠さない。

実際、ABBが日立に与えるインパクトは大きい。ABBの送配電事業の売上高は年間1兆円規模。世界約90カ国で1万5000社以上の顧客に電力変圧器や送電システムなどを販売している。ABBで働く約3万6000人が日立に移籍。日立グループ約30万人のうち、外国人が日本人を初めて上回り、過半を占めることとなった。

買収の背景にあるのは3つのD。「脱炭素化」「分散化」「デジタル化」という変革の波だ。従来は大規模な発電装置の販売がエネルギー部門の花形だったが、その比重が変化。今は脱炭素の世界的な動きから再生可能エネルギーやEV（電気自動車）、蓄電池などの分散型電源が伸び盛り。一方で天候に依存する再エネが増えれば発電量が不安定化する。そこで不可欠となるのが、電力を安定的に消費地へ届ける高度な送配電システムだ。

ABBはさまざまな電力系統の連系を最適化する高電圧直流送電（HVDC）システムや、電力需給を管理するソフトウェアなど、送配電事業で世界トップ。日立はそこにIoT基盤「ルマーダ」を融合させ、機器販売だけでなく、デジタル技術も駆使して、電力予測や故障予知、保守などを含む総合的なサービスをグローバルに提供することを狙う。

■ 買収したABB送配電事業（日立ABBパワーグリッド）の概要

売上高	6930億円
営業利益	437億円
総資産	1兆9000億円
のれん	5900億円
無形資産	5100億円
日立の償却負担	605億円（毎年減り、2024年3月期以降に半減）
従業員数	3万6000人
拠点数	世界90カ国に約100工場、約200の営業拠点
主な世界トップ製品	グリッド関連ソフト、HVDCシステム、ガス開閉装置、変圧器など

（注）売上高、営業利益、償却負担は2020年7月～21年3月の9カ月分
（出所）日立製作所資料などを基に本誌作成

送配電合弁は過去に失敗

送配電システムは、再エネや地域間連系が進む欧州勢がこれまで強かった。ＡＢＢのほか、独シーメンスや仏アルストムなどが世界を席巻。日立の送配電事業の年商は３００億円強しかなかった。過去に同業の富士電機、明電舎と合弁で送配電事業を展開していたが、「欧州メーカーに比べて規模が小さく、収益化ができなかった」（合弁関係者）ため、１２年に解散。日立の稼ぎ頭は長く発電関連機器や原子力プラントのままだった。

だが、日立はＡＢＢ買収後、発電分野に見切りをつける動きを加速。タービンなど火力発電関連の売上高はかつて５０００億円以上あったが、２０年９月に火力合弁相手の三菱重工業に全株式を譲渡し完全撤退した。残る柱の原子力発電も２０年９月に、唯一の海外案件だった英国の原発プロジェクトから完全撤退すると表明した。

再エネでも１９年に風力発電機製造から撤退すると発表。日立は１２年に富士重工業（現ＳＵＢＡＲＵ）から風力発電機事業を買収して参入。山が多い日本の地形を生かし、吹き上がる風に対応した「ダウンウィンド型」と呼ぶ独自技術に強みを持ち、国内トップだった。

だが、国内市場が小さい中、コスト面でシーメンスや米GEとの大型化競争に世界で対抗できないと判断。日立の撤退で風力発電機の国内メーカーは皆無になる。「国からは国産を続けてほしいという声がある」(関係者)が、日立幹部は「風力発電機で収益を上げるのは厳しい。今後は保守サービスをやっていく」と言い切る。

こうした中で巨額買収に出たのが送配電事業だ。だが、その成否はまだわからない。買収で総資産は約12兆円に膨らみ、資産効率は悪化。無形資産の償却費も利益を圧迫し、買収初年度の21年3月期の送配電事業は327億円の営業赤字になる見通しだ。その後は償却費が減って黒字化を見込むが、直近3年のABBの送配電事業を見ると、収益は伸び悩んでいる。

過去最大の買収案件でも株価の反応はいま一つだ。市場では、日立が2003年に米IBMから2500億円で買収したハードディスク事業の失敗が脳裏にある。名門企業のハンドリングの苦戦などから収益改善が進まず12年に売却した。

これに対して東原社長は「(名門ＡＢＢを) ハンドリングできるのかと不安視される方もいるが、その心配はご無用。彼らは日立に来ることに非常に喜びを感じており、ルーツやケミストリーも合っている。うまくいくと思う」と自信を示す。ただ電力は各国政府と直結するインフラビジネスだ。海外比率が高まるほど、調整などが複雑化し、リスクも増大する。

おひざ元の日本市場も複雑だ。「日本の電力会社は外国製品をあまり使いたがらない。世界標準であるＡＢＢやシーメンスがほとんど入れていないガラパゴス市場」(業界関係者) と揶揄されており、「日本の大手電力１０社の仕様はバラバラ。同じ機器でも微妙に違うためカスタマイズが必要でコストがかかる」(同)。日立はＡＢＢの世界標準品を大量納入してコストを抑えたいのが本音だが、電力会社からは「日立製をやめないでほしい」という声すらある。

日立は電力会社との蜜月で大きくなった会社で、風土も保守的。それを次々改革したのは１８年から事業統括する西野壽一副社長だ。西野氏は半導体技術者で電力出身以外では初のトップ。日立と三菱重工の経営統合は１１年に破談したが、戦略企画本部長などとして交渉を重ね、１４年に火力発電を日立から切り離し、三菱重工が過半出資する統合を後押しした改革派だ。周囲には「電力を聖域化してはダメだ」と話している。

とはいえＡＢＢは送配電事業を手放した。ロボットなど一段と収益が高い事業に集中するためだ。そのＡＢＢ送配電事業の「企業価値を２４年度に買収時の2倍にする」と副社長は意気込む。日立はルマーダを使って相乗効果を引き出せるか。世界の大海原への挑戦は始まったばかりだ。

（冨岡　耕）

事業入れ替えは最終章に

日立製作所の上場子会社の再編が大詰めを迎えている。2009年には22社あったが、日立本体と関係が薄く、利益率の低いところを次々に売却し親子上場の解消を進めた。最後に残った2社が日立金属と日立建機だ。両社はかつて1兆円規模の売上高を誇った巨大企業で、現在も日立が50%超の株式を保有するが、この2社についても売却する方向で検討に入っている。

19年末に日立の上場子会社は4つあったが、このうち分析装置や医用機器で高いシェアを持つ日立ハイテクを約5300億円で完全子会社化する一方、業績が低迷していた日立化成は昭和電工に約5000億円で売却した。

日立の小島啓二副社長は「日立ハイテクは（日立のIoT基盤）ルマーダ戦略にとっ

て必要。同社の計測・分析技術を生かしてデジタル事業を強化する。別組織のままではデジタル化のスピード時代に世界では勝てない」と断言する。

反面、日立化成は日立金属、旧日立電線（現在は日立金属）と並ぶ「御三家」で〝聖域〟とみられていたが、あっさりとグループ外に出され、市場関係者を驚かせた。20年10月には社名からも「日立」の看板が降ろされ、「昭和電工マテリアルズ」に名称変更された。

身構える上場子会社

「日立化成の人とは今でも連絡をよく取るが、大変そうだ。自分たちもどうなるか心配」。日立化成と共に長く御三家の一角を占めてきた日立金属の中堅社員は、「明日はわが身」と神経をとがらせる。

日立金属は、日立化成と同様に業績が厳しい。21年3月期の連結最終損益は過去最悪となる460億円の赤字を見込む。磁石事業などで約240億円の減損を計上することが響く。コロナ禍で自動車関連部材などが不振という理由だが、営業損益は過去5年以上連続して悪化しており、コロナ以前から厳しいのは明白だ。日立金属幹部は、「構造改革を怠り、全方位に積極投資した結果、固定費が大幅に増えてしまった」と反省する。

日立は20年4月に西山光秋・前CFO（最高財務責任者）を日立金属の会長兼CEO（最高経営責任者）として送り込み、リストラを断行中だ。22年3月末までに従業員の約1割に当たる3200人を削減し、鋳物や磁石事業で拠点再編などを急いでいる。

そんな中、20年4月に日立金属の品質不正問題が発覚。10年以上も品質検査データの偽装を続けていた。社長ら幹部5人が一斉に引責辞任し、西山氏が社長も兼任する体制となった。日立グループは18年の日立化成に続く品質不正で、ものづくりの信頼が揺らいでいる。日立の東原敏昭社長は「ものすごいショックだ。なぜそうなったのか自分の目で見極めたい」と話す。

日立金属はもともと独立心が旺盛で日立との取引は多くない。ただ、10年に日立金属社長を日立の副社長に就けるなど、グループの一体感を醸成。13年には日立電線を経営統合させ、さらに日立化成との統合も模索したが、「日立化成の品質不正で風向きが180度変わった」(日立関係者)という。日立金属も業績回復と品質不正問題にメドをつけた後、グループ外へ売却されるとの観測が強い。

ただ、日立金属の事業内容は特殊鋼から磁石、電線と多岐にわたっており、会社売却は容易ではない。「日立化成はまるまる事業会社に買ってもらったからまだいい。日立金属はバラバラに切り売りされるのでは」(日立金属関係者)。

一方、日立建機も足元の業績は苦戦している。20年4~9月期の連結決算は最終利益が前年同期比99%減の2億円に沈んだ。建設機械の販売が振るわず、好採算の鉱山機械も、世界的な脱炭素の動きを受けて落ち込んでいる。

もともと建機事業は最大需要地である中国の景気次第で大きく変動しやすいうえ、競合との価格競争が激しい。日立建機もこうしたボラティリティー(変動率)の高さを認識し、最近は建機の新車販売以外の保守サービスなどへ軸足を移してきた。センサーで建機の稼働状況や不具合を把握し、顧客に部品交換を促す故障予知サービスを展開する。ただ、まだ新車販売比率のほうが高く、道半ばだ。

鉱山機械のデジタル化でも出遅れ感は否めない。コマツや米キャタピラーなど競合メーカーが大型ダンプトラックの自動運転システムを次々納入する中、日立建機の納入はまだ少数にとどまっている。

強化しているのが日立との連携だ。日立からモーターなどの部品を調達するほか、ルマーダにおける連携も進める。日立建機の平野耕太郎社長は「そもそもルマーダではわれわれの建機が大きな比率を占めている。日立の資本政策が今後どうなるかにかかわらず、着々と事業を進めたい」と言う。

日立建機はコロナ禍前には日立本体を上回る高い利益率を出し、海外展開も日立より進んでいる。そのため「日立と離れても困らない」(日立建機関係者)という声もある。決算での為替前提は日立グループの中で日立建機だけあえて変えてくることも多い。「われわれは海外比率が約8割と高く、日立製作所以上に為替には敏感だ」(同)という自負があるからだ。

日立内部でも日立建機の売却には賛否が入り乱れている。株式のすべてではなく一部売却も選択肢に浮上している。上場子会社売却のしんがりに残されているのは、調整が難しいからにほかならない。

■ 上場子会社2社の業績は変動が激しい

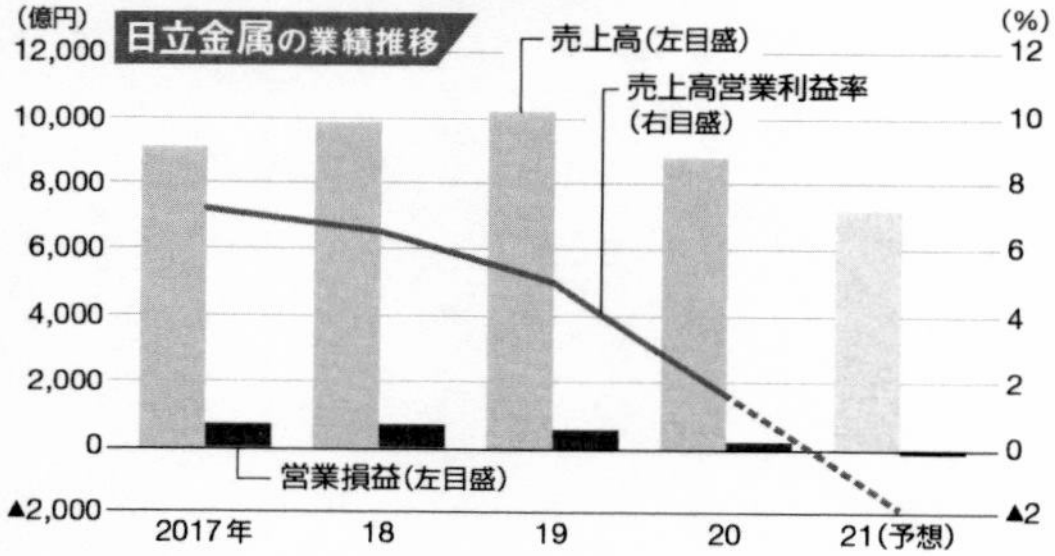

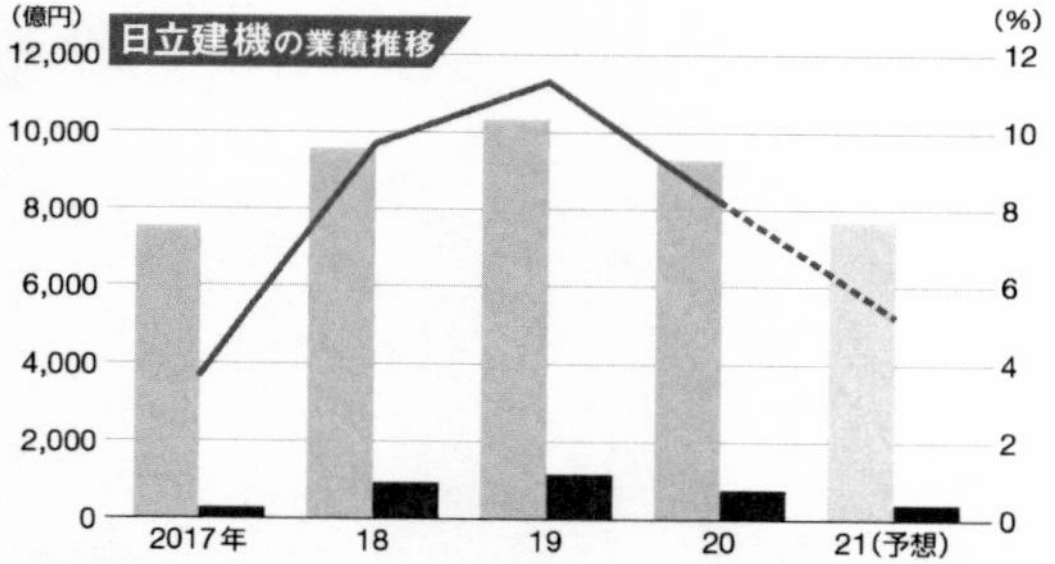

(注)営業損益は(売上高−売上原価−販売費および一般管理費)で計算。各3月期。▲はマイナス
(出所)日立金属、日立建機の決算資料を基に本誌作成

海外家電事業の切り離し

大きな案件が残る中、２０年末に発表したのが、海外向け家電事業の切り離しだ。家電は日立に残る唯一のＢｔｏＣ（消費者向け）事業。中国や東南アジアにも展開するが、国内販売が約8割を占め、海外は苦戦していた。日立傘下で家電を手がける日立グローバルライフソリューションズ（ＧＬＳ）が２１年春に新会社を設立。新会社の株式の6割をトルコの家電大手アルチェリクに約３１５億円で売却する。

日立が狙うのは家電そのものの販売よりも、一般消費者との接点拡大だ。アルチェリクが強い欧州など世界中の家電から大量のデータを入手できるようになる。日立ＧＬＳの谷口潤社長は「アルチェリクと提携することで海外の収益力を高め、ＩｏＴ分野での投資の原資を確保する。両社でデータの相互活用を狙っていく」と話す。

ルマーダ戦略の軸となるデータ取得にはシェアやボリュームがまず必要になる。家電は海外大手の力を借りる一方、自動車では自ら主導権を握って攻める賭けに出た。

日立子会社の日立オートモティブシステムズが、ホンダ系の上場部品会社3社を吸収合併し、21年1月1日、新会社「日立アステモ」が誕生した。3社とは、ホンダ系で最大級の部品会社だったケーヒン、サスペンション大手のショーワ、2輪ブレーキ世界最大手の日信工業。単純合算の売上高は日立単体の車載事業の約2倍となる1兆5000億円超で、自動車部品メーカーとしてデンソー、アイシン精機に次ぐ国内3位となる。

日立の車載事業はかつて幅広く展開する一方、利益率が低迷していた。そんな中、スイスの重電大手ABBから招聘したブリス・コッホ元副社長を事業トップに据え、車載音響のクラリオンや車載電池事業を売却するなどリストラを断行。コア事業をパワートレイン、シャシー部品、安全システムなどに絞った。19年10月にはオランダの安全システム大手シャシー・ブレーキ社を約830億円で買収。さらに今回のホンダ系3社もコア事業領域と合致しており、ここで世界3位以内を目指す。

日立が狙っているのは将来のゲームチェンジだ。自動車は今や巨大なソフトウェアになりつつある。100年に1度の構造変化が起き、電動化や自動運転への対応が競争力を左右。従来の内燃機関を中心にしたすり合わせが減る一方、既存部品がデジタル制御され、システム化されていく。日立の小島副社長は、「自動車に搭載された山のようなソフトをしっかり管理することでデータがたくさん上がってくる。それを分析して新たなサービスにつなげたい」と意気込む。

■ホンダ系3社を吸収合併して自動車部品の新会社を発足

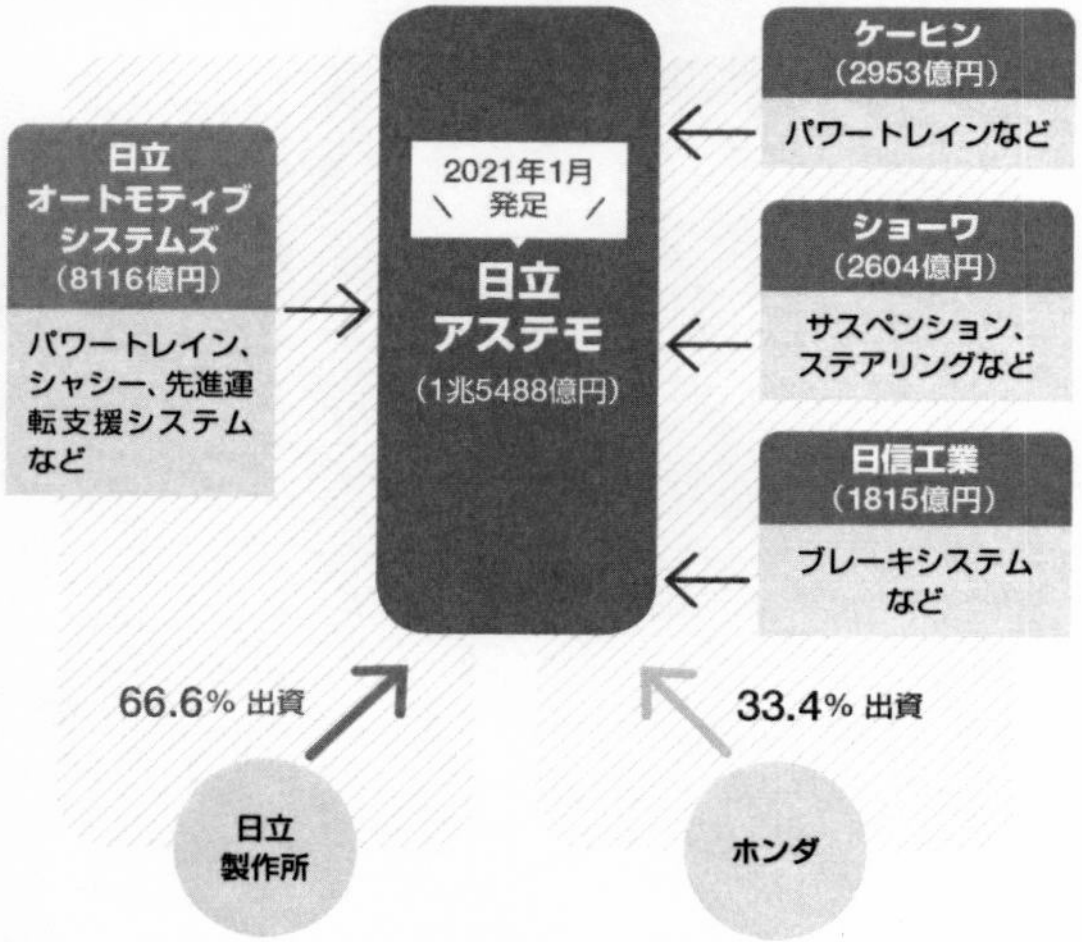

（注）カッコ内は2019年度の売上高で、日立アステモは4社の単純合算

そのためにもまずは足元の体制を固める必要がある。日立アステモの取引先はホンダや日産自動車など国内勢が中心。今後は世界を舞台にする必要があるが、簡単ではない。ボッシュなど欧州の巨大自動車部品会社はITソフト会社を次々買収し、システム製品をすでに多数展開。コストを抑えた標準品で世界をリードしている。

日立は20年10月に発売されたSUBARUの新型車「レヴォーグ」で、先進運転支援システム「アイサイト」の中核部品であるステレオカメラを失注した。SUBARUとは10年近く二人三脚でやってきたが、「欧州勢に機能とコストのバランスで負けた」（関係者）とされる。

日立はホンダ系の3社が加わったことで、全社売上高に占める車載事業の比率が、現在の1割から今後2割へ急上昇する。自動車は年間1億台弱の大きな市場がある一方、コロナ禍でも底堅かった重電インフラ関係に比べてボラティリティーが高い。あるアナリストは「日立は安定した事業にシフトしてきたので、自動車強化には違和感がある。今後また再編がありうるのでは」という見方を示す。

日立幹部は「将来的に日立アステモを上場させることも選択肢」と明かす。一方で、日本電産が車載関連シフトを進め、日立に興味を示しているという噂も絶えない。経済産業省関係者は「世界と戦える日本の自動車部品会社はデンソーだけでいいのか」とも話す。

最終章を迎えた日立の事業入れ替え。複雑なパズルをどう解くか。難題が残されている。

（冨岡　耕）

「車載はグリーンとデジタルのタッチポイント」

日立製作所　副社長・小島啓二

車載や家電などライフ部門のトップに聞いた。

――ホンダ系3社と統合して車載事業を強化します。

自動車はＥＶや自動運転などで今後大きく変わり、グリーン（脱炭素）とデジタルの重要なタッチポイントになる。車はソフトウェアがたくさん入った情報システムになり、集まったデータで、さまざまなことができる。とくに商用車でチャンスが大きい。米アマゾンから「車を造ってほしい」という要望も出てくるだろう。そのときわれわれはシステムを提供可能だ。それに誰かが筐体やシートをくっつけるという世界に変わる。まさにコンピューターと同じだ。

――自動車は設備投資がかかる産業です。

今は受注するたびに新しい生産ラインを作るモデルで、キャッシュが先に出ていくが、今後は変わっていく。ＥＶが中心になれば、モーターもインバーターもどんどんシステム化されて標準化される。同じ設備でより多く量産できる可能性が高まる。

そこにいくまでには研究開発費も含め投資がかさむため、しばらくは利益率的に厳しく我慢が必要だ。従来製品で稼ぐ間に、どれだけＥＶ向けなどへ投資できるかが勝負になる。一方で従来製品はコモディティー（汎用品）化が進んでおり、相当な量を持っていないと十分な利益が得られない。そのため事業領域を絞り、ホンダ系3社と一緒になった。２４年ごろには世界シェア3位以内が見えている。

――家電の海外事業はトルコ大手に主導権を渡します。

家電は地域性が強く、展開国が多いと予想外に手がかかる。海外拡大にリソースを投じるよりも、得意な国内家電でイノベーションの創出に投資を集中させたい。家電はIoT基盤「ルマーダ」との親和性が高い。日立で唯一の消費者向け製品であり、極めていいタッチポイントだ。

――ライフ部門では計測・分析機器も所管しています。どうつながっているのですか。

家電と計測・分析機器は最終製品を作っており、クリーンな技術でも近い。自動車はレイヤーが違うが、3つとも同じフェーズにある。どれもコモディティー化が進んでいると同時に、次の大きなイノベーションが見えている。

――研究者でルマーダの「生みの親」とされます。今後どう発展させたいですか。

ルマーダはある程度強い製品と一緒になることが必要だ。鉄道、ABB送配電、それに今回の自動車で、世界と戦えるグリーンプロダクトがそろった。それらをルマーダでサービス化して社会課題を解決していきたい。

小島啓二（こじま・けいじ）
1982年京都大学大学院理学研究科修了後、日立製作所入社。2008年中央研究所長、11年日立研究所長、12年常務、16年専務、18年4月から現職。

「製造とデジタルの複合急げ」

一橋大学　ＣＦＯ教育研究センター長・伊藤邦雄

転換期にある日本のものづくり企業において、大切なことは何か。数多くの企業に提言してきた御意見番に聞いた。

――製造立国・日本が岐路に立っています。

ものづくり自体が２１世紀になって要らなくなったわけではない。独シーメンスだってものづくりを続けているし、米テスラも車載電池を自分たちで作ろうとしている。ただ、ものづくりだけでは豊かなキャッシュを創出できない。スマート工場など、ものづくりにデジタルを徹底的に掛け合わせる必要がある。

日本のものづくり企業では、日立製作所が社会システムのデジタル化をＩｏＴ基盤「ルマーダ」の横串で実現するという明確なビジョンを持って変身した。逆にビジョンや目標をはっきりさせないと、デジタルや人工知能といったこれからの時代を担う分野の人材を集められない。

──日本のものづくりにはまだチャンスがあるでしょうか。

日本企業はもともと、高度なすり合わせ力に裏付けられたマニュファクチャリング（製造）が得意だ。ただ、今後もそれに依存しすぎるのは危険だ。デジタル化とサステナビリティ（持続可能性）の時代の今、どう柔軟に適合できるかを示さないといけない。企業がサステナビリティについてコミット（公約）して地歩を固められれば、投資家からの評価も得られるはずだ。テスラの株式時価総額が、（売上高でテスラを圧倒する）トヨタ自動車の2倍強となっているのは、デジタル化とサステナビリティへの評価が掛け算となって上昇しているからだ。

目に見えない競合を意識

日本企業に残された時間は長くない。米アップルなどが電気自動車（ＥＶ）の生産と新しい車載電池技術の開発を成長戦略の中核に位置づけつつある。彼らのような破壊的イノベーターは、すごいスピードで既存の業界に入っていく。その前に、日本企業も「洋上風力や水素なら世界ナンバーワンだ」というブランドを築かないといけない。目に見えない競合がもうそこにいることを意識するべきだ。

――日立が10年かけて変身した一方、三菱重工はまだもがいています。そんな中、20年秋には国産初のジェット機「スペースジェット」の開発凍結、さらには脱炭素に向けたエネルギー転換などの将来計画を発表しました。

新型コロナウイルスの感染拡大がある中で、限られたリソース（経営資源）をどのような事業にどう配分するかを明確に示せたことはよかった。

今回の計画では大きく２つリソースシフトがあったとみている。１つはこれまでスペースジェットに投じてきた巨額の資金を、エナジートランジション（エネルギー転換）とモビリティ関連に振り替えるとした点だ。もう1つが、エネルギー部門内で、従来の石炭火力発電からグリーン（脱炭素）とクリーン、すなわち洋上風力と水素に重点をシフトするとした点だ。いずれも骨太な計画になっており、私は評価している。

――スペースジェットの開発凍結についてはどうみていますか。

この何年間か開発の進捗が予定どおりいかない中で、さらに新型コロナの問題も起きて航空業界は大変な痛手を被った。需要がなくなってしまってこの数年は戻らないといわれている。そんな状況で、刈り取りもないのに仕込みばかり増やすのはキャッシュフロー上、健全ではない。需要が何年も凍結されるのであれば、開発が凍結されるのはある意味で当然だ。

――エネルギー転換についてはどうみていますか。

脱炭素は日本に限らず、世界中で始まっていることだ。欧州は以前から脱炭素の有力な手段として洋上風力発電を位置づけている。現状の1200万キロワットから2050年には3億キロワットへと25倍に拡大する計画だ。日本でも40年までに3000万キロワットから4500万キロワットにする導入目標を菅政権になって初めて掲げた。こうした洋上風力へのシフトは世界的に起こっていることだ。

三菱重工もこれまでデンマーク大手のヴェスタスとの合弁で知見を得てきた。そういう意味で日本企業の中ではとりわけいい位置につけている。ただ、ヴェスタスとの協業を独占できるわけではない。三菱重工の強みや魅力をつねに発信していく必要があるだろう。

一方、水素に関しては三菱重工が世界的に有力な製鉄機械の分野で、水素還元製鉄のプラントを造るという話も出ている。これらを戦略的に進めていくことがビジネスチャンスになるはずだ。

――三菱重工は計画だけではなく、実際に変われますか。

三菱重工は伝統的にテクノロジー偏重だったが、大事なのは経営システムだと気づいたはずだ。経営陣は過去の失敗をかなり意識しているように見える。今まではきちんとPDCAサイクルを回せているかどうか、そのプロセスリスクに焦点を絞っていた。高い技術があれば成果はついてくる、という意識への反省はかなりあるだろう。とくに豪華客船の失敗は強烈だった。自分たちは高い技術力があるのだから客船もという発想に落とし穴があった。

現在は経営陣が間違った方向に戦略を描くリスクを認識することを意識しているようだ。さらに戦略が正しくても、それを担う人材や企業文化も育っていなくてはいけない。今の経営陣はそういう視点を持って経営しようとしている。

――ほかに提言はありますか。

三菱重工は今後3年でD/Eレシオ（負債資本倍率）を低下させ、有利子負債を900億円減少させる計画だが、洋上風力も水素も今はチャンス。そうした成長分野に資金をつぎ込むべきだ。遅れれば、プレーヤーの参戦が増えて、（利益が出にくい）レッドオーシャン化する可能性がある。早く地歩を固めるためにD/Eレシオは今の水準か、少し上がるくらいでいい。

これは日本のものづくり企業すべてにいえることだが、近年整備が進む、環境問題に対応した「グリーンファイナンス」で資本調達コストは今後下がる。この取り組みのレベルが高ければ、金利や条件面がさらによくなるので財務的な負担は重くならない。グリーン関連の投資を強化するべきだ。

（聞き手・高橋玲央）

【製造立国復活への提言】

・ビジョンを示し、デジタル人材を集めろ
・洋上風力や水素など世界一のブランドを築け
・グリーンファイナンスを活用せよ

伊藤邦雄（いとう・くにお）

1951年生まれ。75年一橋大学商学部卒業。92年同大教授。2015年から現職。中央大学大学院戦略経営研究科特任教授を兼務。三菱商事や東京海上ホールディングス、住友化学などの社外取締役を歴任。現在、小林製薬、東レ、セブン&アイ・ホールディングスの社外取締役。１４年に公表した「伊藤レポート」で時の人に。

【週刊東洋経済】

本書は、東洋経済新報社『週刊東洋経済』2021年1月23日号より抜粋、加筆修正のうえ制作しています。この記事が完全収録された底本をはじめ、雑誌バックナンバーは小社ホームページからもお求めいただけます。

小社では、『週刊東洋経済eビジネス新書』シリーズをはじめ、このほかにも多数の電子書籍ラインナップをそろえております。ぜひストアにて「**東洋経済**」で**検索**してみてください。

『週刊東洋経済eビジネス新書』シリーズ

No.343　クスリの罠・医療の闇

No.344　船・港　海の経済学

No.345　資産運用マニュアル

No.346　マンションのリアル

No.347　三菱今昔　150年目の名門財閥

週刊東洋経済eビジネス新書　No.373
日立・三菱重工の岐路

【本誌（底本）】
編集局　冨岡　耕、高橋玲央、劉　彦甫
デザイン　小林由依、池田　梢、藤本麻衣
進行管理　三隅多香子
発行日　2021年1月23日

【電子版】
編集制作　塚田由紀夫、長谷川　隆
デザイン　大村善久
表紙写真　三菱航空機、ABB（提供）
制作協力　丸井工文社

発行日　２０２１年１０月１４日　Ver.1
発行所　〒１０３‐８３４５
東京都中央区日本橋本石町１‐２‐１
東洋経済新報社
電話　東洋経済コールセンター
０３（６３８６）１０４０
https://toyokeizai.net/
発行人　駒橋憲一

電子書籍化に際しては、仕様上の都合などにより適宜編集を加えています。登場人物に関する情報、価格、為替レートなどは、特に記載のない限り底本編集当時のものです。一部の漢字を簡易慣用字体やかなで表記している場合があります。本書は縦書きでレイアウトしています。ご覧になる機種により表示に差が生

※本刊行物は、電子書籍版に基づいてプリントオンデマンド版として作成されたものです。